③ HERZHAFT ODER SÜSS?

Keine Frage, wenn es um die Art des Früh-
stücks geht, hat jeder seine ganz besonderen
Vorlieben. Deswegen finden Sie in diesem Buch
viele Rezeptideen für herzhafte und süße Brote
und Brötchen. Aber nicht nur das! Auch für
einen außergewöhnlichen Sonntagsbrunch gibt
es allerhand Leckereien.

④ ES GEHT DRUNTER UND DRÜBER!

Doch nicht allein das selbst gemachte Brot
macht den Genuss perfekt, sondern dazu
gehört auch der raffinierte Begleiter. Aufstriche
und Dips kommen in allerlei Formen daher. Der
Kreativität sind dabei auch keinerlei Grenzen
gesetzt, denn die Varianten sind unendlich.

— BROTE — UND DIPS

DIE BESTEN REZEPTE

E = EINFACH

Wenige Zutaten, die nicht zu teuer und möglichst nicht zu ausgefallen sind. Einfache, übersichtliche und vor allem verständliche Rezepte.

A = ANFÄNGER

Die Rezepte sind technisch nicht zu anspruchsvoll und sind somit auch für Anfänger geeignet. Viele Anregungen inspirieren jedoch auch den schon erfahrenen Koch.

S = SCHNELL

Alltagstaugliche Rezepte, die auch ohne viel Zeitaufwand und Stress schnell zu meistern sind. Ganz nach dem Motto: Schnell zum Genuss.

Y = YUMMY

Gute Mischung aus Klassikern und Trendthemen. Raffinierte, aber trotzdem unkomplizierte Rezepte, die einfach schmecken.

 ZUBEREITUNGSZEIT: Wie viel Zeit Sie fürs Vorbereiten, Schnippeln oder Rühren benötigen, verbirgt sich hinter diesem Symbol.

 GAR- UND WARTEZEIT: Die kleine Stoppuhr verrät Ihnen, wie lange das Gericht kocht, schmort oder in den Ofen muss.

 Besonders lecker

 Einfach clever

 Unser Tipp

 Unsere Variante

INHALT

SO GELINGT ALLES GANZ EASY

So starten Sie mit Leichtigkeit!
Um Brot selbst zu backen, benötigen Sie keinen Doktortitel. Es ist einfacher, als Sie denken! Zweierlei Dinge sind jedoch wichtig beim Brotbacken: Geduld und Zeit. Sie sollten sich Zeit nehmen, um beispielsweise vor dem Backen alle Zutaten aus dem Kühlschrank zu holen und sie Zimmertemperatur annehmen zu lassen.

Ein kleines Vorspiel
Bei den meisten Broten ist ein Vorteig vonnöten: Dafür wird vor dem eigentlichen Teig Hefe mit eventuell vorhandenem Sauerteigansatz, lauwarmer Flüssigkeit und etwas Süßungsmittel, z.B. Zucker, verrührt. Das Ganze wird mit einem Küchentuch abgedeckt und ruht, bis sich Bläschen bilden. Nun das Mehl und alle weiteren trockenen Zutaten hinzufügen. Dabei sollte Salz nicht direkt in Berührung mit der Hefe kommen. Also erst, nachdem Sie alle Zutaten miteinander vermengt haben, dazugeben. Alles mit den Händen oder mithilfe der Knethaken des Handrührgeräts verrühren.

Kneten, kneten und nochmals kneten
Durch das Kneten wird Luft unter den Teig gearbeitet. Diese macht das Brot später locker. Gleichzeitig kann dadurch das im Mehl enthaltene Klebereiweiß Gluten Struktur aufbauen. Dies macht den Teig elastisch und formbar. Sie werden zudem sehen, dass das Kneten von Brotteig mit den Händen etwas sehr Meditatives hat. Wem das zu mühsam ist, der nimmt einfach seine Küchenmaschine zu Hilfe oder lässt die Knethaken des Handrührgeräts die Arbeit machen.

Immer mit der Ruhe
Nun können Sie sich eine Pause genehmigen. In dieser arbeiten die Hefe- und Sauerteigkulturen in Ruhe. Dafür benötigt der mit einem Küchentuch abgedeckte Teig ein wohlig warmes Plätzchen. Mindestens Zimmertemperatur oder mehr, aber nie über 40°C, denn sonst sterben die Hefebakterien ab.

Durch die Gehzeit verdoppelt sich das Teigvolumen sichtbar. Wie schnell das geht, ist temperaturabhängig. Der Teig kann sogar über Nacht im Kühlschrank gehen.

Es geht in den Ofen
Der gegangene Teig wird geformt und darf nochmals gehen. Die Zeit nutzen Sie, um den Backofen vorzuheizen. Ober-/Unterhitze ist dafür am besten geeignet, da Umluft die Teigkruste zu schnell austrocknen lässt.

Bevor das Brot in den Ofen kommt, stellen Sie ein mit Wasser gefülltes Glas in den Ofen. Dieses kommt, sobald das Brot gebacken wird, wieder raus. Der dadurch erzeugte Wasserdampf sorgt dafür, dass sich eine schöne Kruste bildet.

Außen knusprig, innen saftig
Ob das Brot fertig ist, zeigen zwei Tricks: Gegen Ende der Garzeit bei einem in einer Form gebackenen Brot eine Stäbchenprobe machen. Bei einem frei geformten Brot klopfen Sie einfach mit einem Ofenhandschuh auf die Unterseite des Brotes. Klingt es hohl, ist es fertig. Aus dem Ofen nehmen und auf einem Ofengitter vollständig abkühlen lassen.

GEWUSST WIE
KLEINE, SCHLAUE WARENKUNDE

Da ist das Ding! Es gibt nichts Besseres als frisches, noch ofenwarmes Brot.

Weizen

ist durch seinen hohen Anteil an Gluten (Klebereiweiß) sehr beliebt. Gluten sorgt dafür, dass der Teig elastisch und luftig-locker aufgeht und dennoch eine Kruste entsteht. Mild im Geschmack, eignet sich Weizen vor allem für helle Brote. Emmer, Einkorn und Kamut sind alte Weizensorten, die über ähnlichen Klebergehalt wie Weizenmehl verfügen.

Dinkel

gehört ebenfalls zur Weizenfamilie, ist aber für Allergiker besser verträglich. Dinkel besitzt so viel Gluten wie Weizenmehl, allerdings ist Dinkelkleber empfindlicher. Dinkelteige dürfen generell nicht zu fest und nicht zu lang geknetet werden.

Roggen

ist neben Weizenmehl das gebräuchlichste Brotmehl. Es ist dunkler und auch herber im Geschmack. Roggenmehl bindet Feuchtigkeit. Dadurch hält das Brot länger.

Teig wirken

Damit Brote eine schöne Form erhalten, wirkt man sie. Bei runden Broten heißt das, den Teig zu einer Kugel zu formen und vom Rand her rundum zur Mitte zu falten. Am Ende mit den Händen nachformen. Bei länglichen Broten formt man den Teig zu einem Rechteck und rollt ihn dann auf.

Hafer und Gerste

enthalten wenig Gluten und werden nur mit Weizen gemischt zu Brot verbacken. Sie sind im Regelfall auch nicht als Mehl erhältlich. Man muss sie zur Verwendung mahlen oder schroten lassen. Jedoch zum Bestreuen und im Teig eignen sie sich sehr gut.

Hirse

ist eine ganz alte Getreidesorte, mit der auch schon die Germanen buken. Da Hirsegetreide jedoch kein Klebereiweiß enthält, wird es vor allem ganz, eingeweicht oder gegart nur als Broteinlage verwendet. Es hat einen hohen Gehalt an Eisen und Mineralstoffen.

Quinoa und Buchweizen

enthalten viel Eiweiß und Mineralstoffe, und das macht sie auch in der vegetarischen Küche so beliebt. Die sogenannten Pseudogetreide sind völlig glutenfrei und daher für Allergiker besonders gut geeignet. Leider sind sie jedoch wenig backtauglich und nur in Verbindung mit kleberhaltigen Mehlen oder als Körnereinlage in Broten einsetzbar.

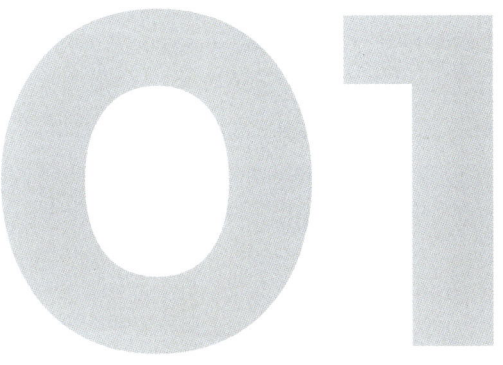

01

— BROTE —

DINKELFLOCKEN-SAATEN-BROT
MIT BUTTERMILCH

ZUBEREITUNG
🥄 15 MIN.   ⏱ 1 STD. 20 MIN. + 20 MIN. WARTEN

01. Die Dinkelflocken in eine Schüssel geben, mit Milch übergießen und kurz quellen lassen.

02. Für den Hefeteig Buttermilch, 250 ml lauwarmes Wasser, Honig, 3 EL Dinkelmehl und die zerbröckelte Hefe in einer Rührschüssel gründlich verrühren. Zugedeckt etwa 5 Minuten bei Zimmertemperatur gehen lassen.

03. Die Kastenform einfetten und leicht mit Mehl ausstäuben. Einige Dinkelflocken in der Kastenform verteilen.

04. Restliches Dinkelmehl, Saaten-Körner-Mix, evtl. Buchweizen, Brotgewürz und Salz in eine große Rührschüssel geben. Eingeweichte Dinkelflocken und den Vorteig hinzugeben und alle Zutaten glatt verrühren.

05. Den Teig in die vorbereitete Form füllen und zugedeckt an einem warmen Ort etwa 15 Minuten gehen lassen.

06. Die Form auf einen Rost stellen. Die Teigoberfläche vorsichtig mit Wasser bestreichen, und die restlichen Dinkelflocken daraufstreuen. Die Form auf dem Rost in den kalten Backofen auf die mittlere Schiene stellen. Den Backofen auf 190 °C vorheizen.

07. Das Brot 70 bis 80 Minuten goldbraun backen.

08. Die Form auf einen Kuchenrost stellen. Das Brot etwa 10 Minuten abkühlen lassen. Dann aus der Form auf einen mit Backpapier ausgelegten Kuchenrost stürzen, wieder umdrehen und erkalten lassen.

ZUTATEN FÜR
1 KASTENFORM (30 × 11 CM)

+ **150 g Dinkelflocken**
+ **250 ml Milch (3,5 % Fett)**
+ **250 g Buttermilch**
+ **1 EL Honig**
+ **250 g Dinkelmehl (Type 630)**
+ **½ Würfel Hefe (21 g)**
+ **150 g Weizenvollkornmehl (möglichst frisch gemahlen)**
+ **100 g Saaten-Körner-Mix (z.B. Sonnenblumen-, Kürbiskerne, Leinsamen, Sesamsamen)**
+ **evtl. 2 EL gerösteter Buchweizen**
+ **1—2 TL Brotgewürz**
+ **2 TL Salz**
+ **2—3 EL Dinkelflocken**
+ **etwas Fett und Weizenmehl für die Form**

ROGGENBROT
MIT SAUERTEIG

ZUBEREITUNG
🍴 20 MIN. ⏱ 45 MIN. + 1 STD. WARTEN

01. Für den Teig die Hefe in 320 ml lauwarmen Wasser auflösen. Mehle, Salz und Samen in einer Rührschüssel mischen. Hefewasser und Sauerteig dazugeben. Die Zutaten mit den Knethaken des Handrührgeräts zu einem glatten Teig kneten. Anschließend auf die bemehlte Arbeitsfläche geben und nochmals kräftig kneten.

02. Den Teig wieder in die Schüssel legen, mit Mehl bestäuben und zugedeckt mindestens 1 Stunde gehen lassen, bis sich das Teigvolumen verdoppelt hat.

03. Den Backofen auf 230 °C vorheizen. Den Teig auf der bemehlten Arbeitsfläche nochmals kurz kneten, zu einer Kugel formen und auf ein mit Backpapier belegtes Backblech legen. Den Teig mit Wasser bestreichen, mit grobem Mehl bestäuben und zugedeckt so lange gehen lassen, bis sich das Volumen fast verdoppelt hat. Nach Belieben mit Wasser bestreichen und mit der Körner-Saaten-Mischung bestreuen.

04. Das Backblech in den vorgeheizten Ofen auf die untere Schiene schieben. Mit einer Sprühflasche zwei- bis dreimal an die heißen Seitenwände und auf den Backofenboden Wasser spritzen und die Backofentür sofort schließen. Diesen Vorgang noch zweimal nach jeweils 2 Minuten wiederholen.

05. Das Brot insgesamt etwa 45 Minuten backen. Nach 15 Minuten die Temperatur auf 200 °C reduzieren. Das Brot weitere 30 Minuten backen.

06. Das Brot ist fertig, wenn es beim Draufklopfen auf die Unterseite hohl klingt. Das Brot auf einen Kuchenrost legen und erkalten lassen.

ZUTATEN FÜR 1 BROT

+ 15 g Hefe
+ 200 g Roggenvollkornmehl
+ 150 g Weizenvollkornmehl
+ 100 g Dinkelmehl (Type 1050)
+ 2 gestr. TL Salz
+ 20 g heller Leinsamen
+ 20 g dunkler Leinsamen
+ 1 Päckchen flüssiger Sauerteig (75 g; für 500 g Mehl oder selbst gemacht, siehe S. 53)
+ etwas Körner-Saaten-Mischung (nach Belieben)
+ Mehl für die Arbeitsfläche

MÖHRENBROT
MIT KICHERERBSENMEHL

ZUBEREITUNG
🥄 **15 MIN.** ⏱ **50−60 MIN. + 1 STD. WARTEN**

01. Die Kastenform gut einfetten und leicht mit Mehl ausstäuben. Die Möhren putzen, schälen und fein raspeln.

02. Beide Mehlsorten in eine Rührschüssel sieben. Flohsamenschalen, Hefe, Brotgewürz und Salz gründlich untermischen. Sonnenblumen-, Kürbiskerne und Leinsamen hinzugeben und untermischen.

03. Die Möhrenraspel und 450 ml lauwarmes Wasser zur Mehl-Kerne-Mischung geben und alles gründlich verrühren und zu einem glatten Teig vermischen. Den Teig in die vorbereitete Form füllen und zugedeckt an einem warmen Ort mindestens 1 Stunde gehen lassen.

04. Den Backofen auf 180 °C vorheizen. Das Brot im vorgeheizten Ofen auf der mittleren Schiene 50 bis 60 Minuten goldbraun backen. Evtl. in den letzten Minuten der Backzeit das Brot mit Backpapier oder Alufolie belegen, damit die Oberfläche nicht zu stark bräunt.

05. Die Form auf einen Kuchenrost stellen. Das Brot etwa 15 Minuten abkühlen lassen, dann vorsichtig aus der Form auf einen mit Backpapier ausgelegten Kuchenrost stürzen und wieder umdrehen. Das Brot erkalten lassen.

💛 *Das Brot schmeckt frisch gebacken, gerade abgekühlt besonders gut. An den folgenden Tagen das Brot in Scheiben kurz toasten.*

ZUTATEN FÜR
1 KASTENFORM (25×11 CM)

+ **150 g Möhren**
+ **180 g Kichererbsenmehl**
+ **70 g Sojamehl**
  (nach Belieben leicht geröstet)
+ **1 EL (8 g) Flohsamenschalen**
  (z.B. aus dem Drogerie- oder
  Naturkostmarkt, Reformhaus)
+ **5 g Trockenhefe**
+ **1 TL Brotgewürz**
+ **2 gestr. TL Salz**
+ **75 g Sonnenblumenkerne**
+ **75 g Kürbiskerne**
+ **75 g geschrotete Leinsamen**
+ **Fett und Soja- oder**
  Kichererbsenmehl für die Form

SAATENBROT
MIT QUINOA

ZUBEREITUNG
🥄 45 MIN.   ⏱ 35 MIN. + 4 STD. WARTEN

01. Die Quinoa auf einem Sieb unter fließendem kaltem Wasser gründlich spülen, um die Bitterstoffe auszuwaschen. Mit den Sesamsamen und den Kürbiskernen in einer Schüssel mit 200 ml kochendem Wasser übergießen und 3 Stunden quellen lassen.

02. Die Hefe in eine Rührschüssel bröckeln. Mit 300 ml lauwarmem Wasser und dem Sauerteig verrühren. Beide Mehlsorten mischen. Erst die Körnermischung auf den Hefeansatz geben, darauf das Mehl und darüber das Salz streuen. Alles mit den Knethaken des Handrührgeräts 6 Minuten auf niedriger Stufe, dann 4 Minuten auf hoher Stufe kneten. Den Teig auf der bemehlten Arbeitsfläche zugedeckt 20 Minuten gehen lassen, währenddessen zweimal wirken (siehe S. 5).

03. Den Teig halbieren und jede Hälfte zu einem länglichen Laib formen. Mithilfe eines Backpinsels mit Wasser bestreichen. Die Quinoa und den Sesam in einem tiefen Teller mischen und die Brote darin wenden, dabei die Körner leicht andrücken.

04. Beide Brote auf ein mit Backpapier ausgelegtes Backblech geben und zugedeckt noch einmal 25 Minuten gehen lassen, dabei nach 10 Minuten mit einem scharfen Messer mittig der Länge nach nicht zu tief einschneiden.

05. Inzwischen den Backofen auf 230 °C vorheizen, dabei ein mit Wasser gefülltes tiefes Backblech mit erhitzen. Sobald die Backtemperatur erreicht ist, das Blech mit dem Wasser herausnehmen. Die Quinoa-Saaten-Brote im vorgeheizten Ofen auf der unteren Schiene 15 Minuten backen. Die Backofentemperatur auf 210 °C reduzieren und die Brote weitere 15 bis 20 Minuten braun und knusprig backen.

ZUTATEN FÜR 2 BROTE

FÜR DEN TEIG:
+ 100 g rote Quinoa
+ 50 g Sesamsamen
+ 50 g Kürbiskerne
+ ½ Würfel Hefe (21 g)
+ 75 g flüssiger Natursauerteig (selbst gemacht; siehe S. 53, oder im Beutel)
+ 300 g Weizenvollkornmehl
+ 200 Weizenmehl (Type 550)
+ 10 g Salz

AUSSERDEM:
+ Mehl zum Bearbeiten
+ je 50 g rote Quinoa und Sesamsamen zum Bestreuen

KARTOFFELBROT
MIT OLIVENÖL

ZUBEREITUNG
🥄 **25 MIN.** ⏱ **1 STD. + 1 STD. 15 MIN. WARTEN**

01. Die Kartoffeln mit Schale gründlich waschen und in Salzwasser weich garen. Den Backofen auf 150 °C vorheizen. Die Kartoffeln abgießen, auf ein Backblech geben und im Ofen etwa 15 Minuten ausdampfen lassen. Herausnehmen, möglichst heiß pellen, durch die Kartoffelpresse drücken und etwas abkühlen lassen.

02. Das Mehl und 2 TL Salz in einer Rührschüssel mischen. Die Hefe zerbröckeln und mit dem Zucker und der lauwarmen Milch verrühren. Kartoffelschnee, Hefemilch, Ei, Butter und Öl zu dem Mehlgemisch geben und mit den Knethaken des Handrührgeräts 3 bis 4 Minuten zu einem glatten Teig verkneten. Zugedeckt an einem warmen Ort etwa 45 Minuten ruhen lassen.

03. Eine Springform (etwa 24 cm Durchmesser) mit Backpapier auslegen und dabei den Rand etwa 5 cm überstehen lassen. Den Kartoffel-Hefeteig nochmals durchkneten und in die Form geben. Die Oberfläche mit etwas Dinkelmehl bestreuen. Den Teig nochmals zugedeckt an einem warmen Ort 30 Minuten gehen lassen.

04. Den Backofen auf 240 °C vorheizen. Das Brot auf der mittleren Schiene 10 Minuten im vorgeheizten Ofen backen. Die Temperatur auf 200 °C herunterschalten und das Brot weitere 50 Minuten backen. Herausnehmen und die Klopfprobe machen (siehe S. 4). Das Brot auf einem Kuchengitter abkühlen lassen.

ZUTATEN
FÜR 1 BROT

+ **500 g mehligkochende Kartoffeln**
+ **Salz**
+ **600 g Dinkelmehl (Type 1030)**
+ **½ Würfel Hefe (21 g)**
+ **1 TL Zucker**
+ **120 ml lauwarme Milch**
+ **1 Ei**
+ **30 g flüssige Butter**
+ **3 EL Olivenöl**
+ **Dinkelmehl für die Arbeitsfläche**

⭐ *Zu diesem Brot schmeckt ein Schmanddip mit Kräutern sehr gut. Dafür 250 g Schmand mit 150 g Magerquark, 3 EL Milch oder Mineralwasser, Salz und Pfeffer verrühren. Dann je 1 Bund Schnittlauch (in Röllchen) und Dill (fein geschnitten) untermischen.*

NUSSBROT
MIT GEWÜRZEN

ZUBEREITUNG
🍯 **50 MIN.**   ⏱ **1 STD. + 2 STD. 15 MIN. WARTEN**

01. Die Nüsse klein hacken. 2 EL zum Bestreuen beiseite-stellen. Fenchel, Anis, Koriander und Kümmel in einem Mörser fein zerstoßen.

02. Roggenmehl, 100 g Dinkelflocken, Dinkelvollkornmehl, Roggensauerteig, 1 TL Salz und Gewürze in einer Rührschüssel mischen. Die Hefe zerbröckeln und mit dem Zucker und 325 ml lauwarmem Wasser verrühren. Den Hefeansatz zu dem Mehlgemisch geben und mit den Knethaken der Küchenmaschine oder des Handrührgeräts etwa 5 Minuten zu einem glatten Teig kneten. Den Teig zugedeckt an einem warmen Ort mindestens 1½ Stunden gehen lassen. Der Teig sollte sich verdoppelt haben.

03. Den Teig noch einmal 5 Minuten gut verkneten. Die Nüsse hinzufügen und kurz unterkneten. Aus dem Teig ein längliches Brot formen und auf ein mit Backpapier ausgelegtes Backblech geben. Die Oberfläche mit kaltem Wasser bepinseln, mit den restlichen Dinkelflocken und Nüssen bestreuen und leicht andrücken. Das Brot zugedeckt weitere 45 Minuten gehen lassen.

04. Den Backofen auf 240 °C vorheizen. Eine ofenfeste Schale oder ein Backblech mit heißem Wasser auf den Backofenboden stellen, damit das Brot zusätzlich Feuchtigkeit bekommt. Das Brot auf der mittleren Schiene im vorgeheizten Ofen 10 Minuten backen. Die Temperatur auf 200 °C herunterschalten und weitere 50 Minuten backen. Herausnehmen und die Klopfprobe machen: Von unten auf das Brot klopfen – hört es sich hohl an, ist es fertig. Sonst noch 5 bis 10 Minuten weiterbacken. Das Nussbrot auf einem Kuchengitter abkühlen lassen.

ZUTATEN
FÜR 1 BROT

+ **200 g Walnusskerne**
+ **200 g Haselnusskerne**
+ **1 EL Fenchelsamen**
+ **1 TL Anissamen**
+ **1 TL Korianderkörner**
+ **1 Msp. ganzer Kümmel**
+ **200 g Roggenvollkornmehl**
+ **120 g Dinkelflocken**
+ **200 g Dinkelvollkornmehl**
+ **1 Päckchen Roggensauerteig (75 g)**
+ **Salz**
+ **½ Würfel Hefe (21 g)**
+ **1 TL Zucker**

TOASTBROT
MIT MILCH

ZUBEREITUNG
🥄 **10 MIN.** ⏱ **45 MIN. + 16 STD. WARTEN**

01. Für den Teig die Butter zerlassen. Mehle, Salz, Trocken-hefe und Zucker in einer Rührschüssel mischen. Milch, 160 ml lauwarmes Wasser und die Butter hinzufügen. Die Zutaten mit einem Holzlöffel zu einem zähen Teig verrühren.

02. Den Teig mit Mehl bestäuben und zugedeckt bei Zimmertemperatur etwa 16 Stunden gehen lassen.

03. Die Kastenform einfetten. Den Teig aus der Schüssel auf die bemehlte Arbeitsfläche geben und mit einer Teigkarte von außen nach innen falten, nicht kneten, sodass ein Rechteck in Größe der Backform entsteht.

04. Den Backofen auf 180 °C vorheizen. Den Teig in die Form legen. Die Form mit Frischhaltefolie oder einem feuch-ten Tuch zudecken und den Teig so lange gehen lassen, bis er die Form gerade gut ausfüllt. Das Brot mit der Butter bestreichen.

05. Das Brot auf der unteren Schiene im vorgeheizten Ofen 45 Minuten backen. Mit einer Sprühflasche etwas Wasser an die Backofenseiten des Ofen sprühen und die Backofentür sofort schließen. Diesen Vorgang noch zweimal nach jeweils 3 Minuten wiederholen.

06. Das fertige Brot nach dem Backen auf ein Kuchengitter stellen, etwa 15 Minuten in der Form ruhen lassen. Dann auf das Gitter stürzen, wieder umdrehen und erkalten lassen.

ZUTATEN FÜR
1 KASTENFORM (25×11 CM)

FÜR DEN TEIG:
+ **30 g Butter**
+ **300 g Weizenmehl (Type 550)**
+ **150 g Weizenmehl (Type 405)**
+ **1½ TL Salz**
+ **½ TL Trockenhefe**
+ **1 TL Zucker**
+ **100 ml Milch**

ZUSÄTZLICH:
+ **Fett für die Form**
+ **20 g zerlassene Butter zum Bestreichen**
+ **Weizenmehl zum Bestäuben und für die Arbeitsfläche**

RESTEVERWERTUNG

Arme Ritter

Größere Scheiben von altem Brot lassen sich super zu French Toast verarbeiten. Diese schmecken süß oder herzhaft sehr lecker. Dafür einfach eine süß oder herzhaft gewürzte Eier-Milch-Mischung anrühren. Die Brotscheiben damit tränken und in etwas Fett in einer Pfanne ausbacken.

Herzhafter Brotauflauf

Zwiebeln würfeln und Speck anbraten. Schnell einen Eier-Milch-Mix herstellen. Alles mit Brotscheiben in eine ofenfeste Auflaufform geben und bei 180 °C ab damit in den Ofen. Einen Brotauflauf kann man ganz unterschiedlich gestalten. Je nachdem, was wegmuss oder da ist, kann er auch mal süß daherkommen.

Altbackenes Brot ist viel zu schade zum Wegschmeißen. Hier finden Sie ein paar Ideen, wie Sie daraus viele leckere Speisen und Zutaten zaubern können.

Brotchips

Dafür eignet sich besonders gut altbackenes Baguette oder Weißbrot. Den Ofen auf etwa 180 °C vorheizen. Das Brot in dünne Scheiben schneiden. 4 bis 6 EL Öl und 1 bis 2 TL getrocknete Kräuter mischen und die Brotscheiben damit beträufeln. Auf einem mit Backpapier ausgelegten Backblech verteilen und 5 bis 8 Minuten im Ofen backen.

Brotpizza

Altes, in Scheiben geschnittenes Brot können Sie ganz leicht zu einem leckeren Abendessen verarbeiten. Die Brotscheiben einfach mit Tomatenmark bestreichen, mit in Scheiben geschnittenen Champignons und Schinkenscheiben belegen und mit geriebenen Gouda bestreuen. Im Ofen bei 160 °C goldbraun überbacken.

Brotsalat

Alte Brotscheiben in Olivenöl anbraten und mit klein geschnittenem Gemüse, etwas Feta und einem frischen Dressing servieren. Das schmeckt! Auch in Italien verwertet man altes Brot in Brotsalat, genannt Panzanella.

Bruschetta

Altbackene Brotscheiben mit Knoblauch einreiben und mit etwas Olivenöl beträufeln, im Ofen goldbraun backen und mit klein geschnittenen Tomaten belegen. Fertig ist eine leckere Bruschetta!

Croûtons

In kleine Würfel geschnitten und mit getrockneten Kräutern in Olivenöl angebraten, veredeln Croûtons den nächsten Salat. Variieren kann man sie durch verschiedene Gewürze, Speckwürfel oder geriebene Zitronenschale.

Falscher Kaiserschmarren

Sieht aus wie Kaiserschmarren und schmeckt fast genauso – falscher Kaiserschmarren ist die perfekte Brotresteverwertung! Dafür schneiden Sie altes Weißbrot in kleine Stücke. Je nach Menge verquirlen Sie Eier und Milch. Die Brotwürfel in der Eier-Milch-Mischung ein paar Minuten ziehen lassen. Anschließend in einer Pfanne in Butter anbraten. Am Ende noch mit Puderzucker und etwas Butter karamellisieren und mit Apfel- oder Zwetschgenmus servieren.

Knödel

Nicht nur aus altbackenen Semmeln lassen sich sehr gut Knödel herstellen, auch altes Körnerbrot eignet sich dafür hervorragend. Probieren Sie einfach verschiedene Variationen aus und finden Sie Ihr persönliches Lieblingsbrot zur Herstellung von Knödeln.

Paniermehl

Aus in Scheiben geschnittenem Brot können Sie prima im Küchenmixer Paniermehl herstellen. Dafür sollte das Brot nicht mehr feucht sein, sonst schimmelt das Paniermehl schnell.

BROTSTICKS

Ideal zum Dippen oder als Pommesersatz: Einfach altes Brot in Streifen schneiden und mit etwas Öl und Gewürzen im Ofen rösten.

Röstsandwich

Ein echtes Highlight sind Sandwiches. Dafür das Brot in Scheiben schneiden. Die Brotscheiben auf beiden Seiten mit Olivenöl bestreichen und in einer Pfanne jeweils auf einer Seite anrösten, bis sie leicht gebräunt und knusprig sind. Herausnehmen und je nach Belieben belegen. Unser Favorit: Hummus, gegrillte Auberginenscheiben, Blattspinat und Feta. Lecker schmeckt ein Röstsandwich auch mit gewürfelter Paprikaschote, Tomatenscheiben, etwas Rucola, zerrupftem eingelegtem Thunfisch und einem Dressing aus Mayonnaise, Kapernsud, Senf, Salz und Pfeffer.

BAGUETTE
MIT WALNÜSSEN

ZUBEREITUNG
🥄 **20 MIN.** ⏱ **25 MIN. + 2 STD. 30 MIN. WARTEN**

01. Das Mehl mit Salz, Zucker, Hefe und 350 ml lauwarmes Wasser in eine Schüssel füllen und mit den Knethaken des Handrührgeräts zu einem glatten Teig verarbeiten. Zuletzt das Öl unterkneten. Den Teig zugedeckt an einem warmen Ort mindestens 2 Stunden gehen lassen.

02. Den Teig noch mal kräftig durchkneten, dann die Walnüsse einarbeiten. Den Teig halbieren, rundherum leicht mit Mehl bestäuben und jede Hälfte zu einer Baguettestange formen. Die Stangen sollen eher dünn als dick sein, denn das Brot geht beim Backen noch auf. Die Brote auf ein mit Backpapier belegtes Backblech legen und zugedeckt noch mal 30 Minuten gehen lassen.

03. Den Backofen auf 220 °C vorheizen. Die Baguettes auf der mittleren Schiene im vorgeheizten Ofen etwa 25 Minuten backen.

🔄 *Statt Walnüssen schmecken auch Haselnüsse, Cashew- oder Pinienkerne im Teig. Auch Röstzwiebeln, entsteinte Oliven, getrocknete Tomaten oder Kräuter sind eine leckere Abwechslung.*

ZUTATEN
FÜR 2 BAGUETTESTANGEN

+ **750 g Mehl (Type 550)**
+ **2 TL Salz**
+ **1½ TL Zucker**
+ **1½ Päckchen Trockenhefe**
+ **4 EL Olivenöl**
+ **150 g grob gehackte Walnuss-kerne**
+ **Mehl zum Bearbeiten**

KRÄUTER-ZUPFBROT
MIT PECORINO

ZUBEREITUNG
🍴 1 STD.   ⏱ 45 MIN. + 2 STD. WARTEN

01. Für den Teig die Milch lauwarm erhitzen und in eine Schüssel geben. Die Hefe zerbröckeln und mit dem Zucker unter die Milch rühren.

02. Mehl und Salz in einer Rührschüssel mischen, Butter und Hefemilch hinzugeben. Die Zutaten mit den Knethaken des Handrührgeräts zu einem glatten Teig verkneten. Den Teig mit Frischhaltefolie zugedeckt an einem warmen Ort etwa 30 Minuten gehen lassen.

03. Für die Füllung Petersilie und Schnittlauch waschen und trocken schütteln. Die Blätter abzupfen und klein schneiden. Den Schnittlauch in Röllchen schneiden. Den Knoblauch schälen und fein würfeln. Die Butter in einer Rührschüssel mit den Quirlen des Handrührgeräts cremig aufschlagen. Kräuter, Knoblauch, Salz und Pfeffer unterrühren. Den Pecorino fein reiben.

04. Den gegangenen Teig mit Mehl bestäuben und auf der bemehlten Arbeitsfläche zu einem Rechteck (etwa 55 × 33 cm) ausrollen. Die Kräuterbutter auf dem Teigrechteck verteilen und mit dem Löffelrücken gleichmäßig verstreichen. Mit 75 g geriebenem Käse bestreuen.

05. Den Teig in etwa 11 cm große Quadrate schneiden. Die Teigquadrate hochkant hintereinander in eine Kastenform (25 × 11 cm) setzen. Dabei das letzte Quadrat mit der unbestreuten Teigseite zur Formwand einlegen, sodass die Füllung nicht an der Form klebt. Den Teig zugedeckt etwa 30 Minuten an einem warmen Ort gehen lassen. Dann den restlichen Käse daraufstreuen und den Teig zugedeckt nochmals etwa 1 Stunde gehen lassen. Den Backofen auf 180 °C vorheizen.

06. Das Brot etwa 45 Minuten im vorgeheizten Ofen auf der unteren Schiene backen.

ZUTATEN FÜR
1 KASTENFORM (25×11 CM)

FÜR DEN TEIG:
+ **300 ml Milch**
+ **30 g frische Hefe**
+ **1 TL Zucker**
+ **500 g Weizenmehl (Type 550)**
+ **1 gestr. TL Salz**
+ **90 g weiche Butter**

FÜR DIE FÜLLUNG:
+ **1 Bund glatte Petersilie**
+ **1 Bund Schnittlauch**
+ **1 Knoblauchzehe**
+ **125 g weiche Butter**
+ **100 g Pecorino (am Stück)**
+ **Pfeffer aus der Mühle**

AUSSERDEM:
+ **etwas Weizenmehl zum Bearbeiten**

ZWIEBEL-SPECK-BROT
MIT PILS

ZUBEREITUNG
🥄 **45 MIN.**   ⏱ **35 MIN. + 1 STD. 10 MIN. WARTEN**

01. Die Zwiebeln schälen und in größere Würfel, den Speck in kleine Würfel schneiden. Das Butterschmalz in einer Pfanne erhitzen und die Zwiebeln darin bei schwacher bis mittlerer Hitze goldgelb dünsten. Den Speck dazugeben und bei starker Hitze unter gelegentlichem Rühren weiterbraten, bis Speck und Zwiebeln leicht bräunen.

02. Die Hefe in ein Schälchen bröckeln, mit dem Honig und 150 ml lauwarmem Bier verrühren. Zugedeckt 10 Minuten gehen lassen (bei flüssigem Sauerteigansatz diesen bereits jetzt unterrühren). Beide Mehlsorten, das Sauerteigpulver und das Salz in einer Rührschüssel mischen. Das restliche Bier und den Hefeansatz darauf verteilen und alles mit den Knethaken des Handrührgeräts 3 Minuten auf niedriger, dann 5 Minuten auf hoher Stufe kneten. Gegen Ende die lauwarm abgekühlte Speck-Zwiebel-Mischung unterkneten.

03. Den Teig auf der bemehlten Arbeitsfläche zugedeckt 20 Minuten ruhen lassen. Anschließend weitere 20 Minuten ruhen lassen, dabei dreimal wirken (siehe S. 5). Den Teig erst rund formen, dann mit der Hand ein Loch in die Mitte formen und den Teig nach außen zu einem Ring ziehen. Auf einem mit Backpapier belegten Backblech zugedeckt 20 Minuten ruhen lassen.

04. Den Teig mit einer sauberen Schere auf der Oberfläche links und rechts leicht versetzt jeweils etwa 1 cm tief einschneiden (so bekommt das Brot kleine „Stacheln").

05. Inzwischen den Backofen auf 230 °C vorheizen, dabei ein mit Wasser gefülltes, tiefes Backblech mit erhitzen. Sobald die Backtemperatur erreicht ist, das Blech mit dem Wasser herausnehmen. Die Backofentemperatur auf 210 °C reduzieren und das Brot im Ofen auf der unteren Schiene 30 bis 35 Minuten knusprig backen.

**ZUTATEN
FÜR 1 RINGBROT**

FÜR DEN TEIG:

+ **250 g Zwiebeln**
+ **120 g durchwachsener Räucherspeck (ohne Schwarte)**
+ **2 EL Butterschmalz**
+ **30 g frische Hefe**
+ **1 TL Honig**
+ **300 ml lauwarmes Pils (ersatzweise Wasser)**
+ **300 g Vollkornweizenmehl**
+ **200 g Roggenmehl (Type 1150)**
+ **7 g Natursauerteigpulver (für 500 g Mehl; oder 50 g flüssiger Natursauerteig, selbst gemacht, siehe S. 53, oder im Beutel)**
+ **10 g Salz**

AUSSERDEM:

+ **Mehl zum Bearbeiten**

CIDRE-NO-KNEAD-BREAD
MIT WEINTRAUBEN

ZUBEREITUNG
⏱ **10 MIN.**   ⏲ **50 MIN. + 10 STD. WARTEN**

01. Für den Hefeteig 120 ml lauwarmes Wasser mit zerbröckelter Hefe, Honig und 1 EL Mehl verrühren. 400 g Mehl, Grieß und Salz in einer Rührschüssel mischen. Hefemischung und Cidre hinzugießen. Alle Zutaten mit einem Holzlöffel verrühren, bis alles gerade gut vermischt ist. Die Schüssel mit Frischhaltefolie verschließen.

02. Den Teig mindestens 10 Stunden oder über Nacht bei Zimmertemperatur (22 bis 24°C) gehen und reifen lassen.

03. Am Backtag den Backofen auf 250°C vorheizen. Einen gusseisernen Topf mit passendem Deckel (ca. 22 cm Durchmesser) auf ein Backblech stellen. Den Topf im Ofen auf der mittleren Schiene mindestens 20 Minuten mit erhitzen.

04. Das restliche Mehl auf der Arbeitsfläche verteilen. Den Teig aus der Schüssel mithilfe einer Teigkarte direkt (ohne Kneten!) auf die bemehlte Arbeitsfläche gleiten lassen. Mit der Teigkarte etwas flach drücken, die abgewaschenen, trocken getupften und entstielten Weintrauben und Haselnusskerne darauf verteilen, leicht mit Mehl bestäuben. Den Teig mithilfe der Teigkarte wirken (siehe S. 5).

05. Den Topf vorsichtig aus dem Backofen nehmen und auf eine hitzebeständige Unterlage setzen. Den Deckel abnehmen und den Teiglaib möglichst mit der Naht nach unten in den Topf legen und sofort wieder mit dem Deckel verschließen. Das Brot etwa 5 Minuten backen.

06. Die Temperatur auf 220°C reduzieren. Das Brot im geschlossenen Topf 30 Minuten backen. Dann den Topfdeckel abnehmen und das Brot etwa 15 Minuten goldbraun backen.

07. Den Topf auf einen Kuchenrost stellen, das Brot darin etwa 15 Minuten abkühlen lassen, dann aus dem Topf stürzen, wieder umdrehen und erkalten lassen.

ZUTATEN FÜR 1 BROT

+ **10 g frische Hefe**
+ **2 EL Honig**
+ **450 g Weizenmehl (Type 550)**
+ **50 g Weichweizengrieß**
+ **1 gestr. TL feines Meersalz**
+ **250 ml Cidre (Apfelwein oder Most)**
+ **100 g kleine, kernlose dunkle Weintrauben**
+ **25 g gehackte Haselnusskerne**

SCHOKOLADENBROT
MIT HASELNÜSSEN

ZUBEREITUNG
🥄 1 STD. 15 MIN. ⏱ 40 MIN. + 2 ½ STD. WARTEN

01. Den Backofen auf 180 °C erhitzen. Die Haselnüsse auf einem Backblech verteilen und im Ofen auf der mittleren Schiene 6 bis 8 Minuten braun rösten, bis sich die dunklen Häute leicht lösen. Die Nüsse aus dem Ofen nehmen, auf einem Küchentuch abkühlen lassen und die Häute abrubbeln. Die Nüsse halbieren oder grob hacken. Die Schokolade ebenfalls grob hacken.

02. In einem kleinen Topf den Honig mit 300 ml Wasser unter Rühren erwärmen, bis er sich aufgelöst hat. Vom Herd nehmen und lauwarm abkühlen lassen.

03. Die Hefe in eine Rührschüssel bröckeln und mit der Hälfte des Honigwassers verrühren. Mehl, Kakaopulver, Sauerteigpulver, Salz und Zimt mischen und auf den Hefeansatz geben. Das übrige Honigwasser dazugießen und alles mit den Knethaken des Handrührgeräts 4 Minuten auf niedriger, dann 4 Minuten auf hoher Stufe verkneten. Die Nüsse und die Schokolade unterrühren.

04. Den Teig auf der bemehlten Arbeitsfläche zugedeckt 2 Stunden gehen lassen, währenddessen dreimal wirken, wie auf Seite 5 beschrieben.

05. Den Teig zu einem runden Brot formen und in einer bemehlten Schüssel oder einem Gärkörbchen zugedeckt weitere 30 Minuten gehen lassen. Inzwischen den Backofen auf 230 °C vorheizen, dabei ein mit Wasser gefülltes, tiefes Backblech mit erhitzen. Sobald die Backtemperatur erreicht ist, das Blech mit dem Wasser entfernen.

06. Das Schokoladenbrot auf ein mit Backpapier belegtes Backblech legen und zwei- bis dreimal nicht zu tief einschneiden. Die Backofentemperatur auf 210 °C reduzieren und das Brot im Ofen auf der unteren Schiene 35 bis 40 Minuten knusprig backen.

ZUTATEN
FÜR 1 BROT

FÜR DEN TEIG:
+ 100 g Haselnusskerne
+ 100 g Zartbitterschokolade
+ 70 g Honig
+ 10 g frische Hefe
+ 500 g Weizenmehl (Type 1050)
+ 70 g Kakaopulver
+ 7 g Natursauerteigpulver (für 250 g Mehl)
+ 7 g Salz
+ 2 Msp. Zimtpulver

AUSSERDEM:
+ Mehl zum Bearbeiten

FRANZBROT
MIT ZIMT

ZUBEREITUNG
🥄 **35 MIN.**   ⏱ **30 MIN. + 1 STD. 40 MIN. WARTEN**

01.   Die Hefe in eine Schüssel bröckeln, mit 1 TL Zucker und 100 ml lauwarmer Milch verrühren. Zugedeckt 10 Minuten gehen lassen.

02.   Inzwischen 50 g Butter in Stückchen schneiden. Mit dem Mehl und 3 Prisen Salz in einer Rührschüssel mischen, in die Mitte eine Mulde formen. Die restliche lauwarme Milch und den Hefeansatz in die Mulde gießen. Alles mit den Knethaken des Handrührgeräts 4 Minuten auf niedriger, dann 6 Minuten auf hoher Stufe verkneten, bis der Teig weich und flaumig ist. In einer bemehlten Schüssel zugedeckt an einem warmen Ort 45 bis 60 Minuten gehen lassen, bis sich der Teig fast verdoppelt hat.

03.   Die Kastenform (30 cm lang) mit Butter einfetten und leicht mit Zucker ausstreuen. Die restliche Butter zerlassen, mit dem übrigen Zucker und dem Zimt verrühren. Den Teig auf der leicht bemehlten Arbeitsfläche erneut durchkneten und 1,5 cm dick ausrollen. Mit einer Ringform oder einem Glas (9 cm Durchmesser) Kreise ausstechen.

04.   Die Kreise mit der Hand leicht flach drücken. Mithilfe eines Teelöffels je 1 Kreishälfte mit der flüssigen Butter-Zimtzucker-Mischung bestreichen und die Kreise mittig zu Halbkreisen zusammenklappen (nur leicht zusammendrücken, nicht verschließen). Die Halbkreise mit der geraden Seite nach unten in die Form setzen (dazu am besten einige Halbkreise aufeinanderstapeln und den ganzen Stapel kompakt in die Form geben). Mit einem feuchten Küchentuch abdecken und weitere 30 Minuten an einem warmen Ort gehen lassen. Den Backofen auf 200 °C vorheizen.

05.   Das Franzbrot im vorgeheizten Ofen auf der mittleren Schiene etwa 30 Minuten goldbraun backen. Herausnehmen, auf einem Kuchengitter lauwarm abkühlen lassen und aus der Form stürzen.

**ZUTATEN
FÜR 1 KASTENFORM**

FÜR DEN TEIG:
+ **30 g frische Hefe**
+ **60 g Zucker**
+ **280 ml lauwarme Milch**
+ **75 g weiche Butter**
+ **500 g Weizenmehl (Type 405)**
+ **Salz**
+ **1 geh. TL Zimtpulver**

AUSSERDEM:
+ **Mehl zum Bearbeiten**
+ **Butter und Zucker
   für die Form**

BANANENBROT
MIT ZIMT

ZUBEREITUNG
🍴 15 MIN.   ⏱ 50 MIN.

01. Den Backofen auf 175 °C (Umluft) vorheizen. Eine Kastenform mit Butter einfetten und mit etwas Mehl ausstäuben. Das Mehl mit dem braunen und dem weißen Zucker mischen. Backpulver, Vanillezucker, 1 Prise Salz und das Zimtpulver untermischen. Die Eier aufschlagen und mit dem Öl mit den Quirlen des Handrührgeräts schaumig rühren. Zur Mehlmischung geben und unterrühren.

02. Die Bananen schälen, in kleine Stücke schneiden und dazugeben. Alle Zutaten zu einem cremigen Teig verrühren. Den Teig in die Kastenform füllen und das Bananenbrot im vorgeheizten Ofen etwa 50 Minuten backen. Herausnehmen und zum Servieren in dünne Scheiben oder Streifen schneiden.

ZUTATEN
FÜR 12 STÜCKE

+ **Butter und Mehl für die Form**
+ **300 g Weizenvollkornmehl**
+ **100 g brauner Zucker**
+ **100 g Zucker**
+ **1 EL Backpulver**
+ **2 Päckchen Vanillezucker**
+ **Salz**
+ **1 EL Zimtpulver**
+ **4 Eier**
+ **175 ml Öl**
+ **6 sehr reife Bananen**

💛 *Besonders lecker wird das Bananenbrot, wenn Sie noch ein paar gehackte Pekannüsse und Schokoladenstückchen vor dem Backen untermischen.*

BRÖTCHEN
— UND GEBÄCK —

MALZBIERSTANGERL
MIT GERÖSTETEN ZWIEBELN

ZUBEREITUNG
🥄 **15 MIN.** ⏱ **25 MIN. + 2 STD. 15 MIN. WARTEN**

01. 100 ml lauwarmes Wasser, zerbröckelte Hefe, Honig und Dinkelmehl in einer großen Rührschüssel glatt verrühren. Das Weizenmehl mit dem Salz mischen und hinzugeben. Das Bier hinzugießen und alles zu einem weichen Teig verrühren.

02. Die Schüssel mit Frischhaltefolie abdecken und den Teig bei Zimmertemperatur (22–24 °C) mindestens 2 ½ Stunden gehen lassen.

03. Den Backofen auf 230 °C vorheizen. Gleichzeitig das Backblech in den Backofen schieben. Ein Stück doppelt gelegte Alufolie oder eine ofenfeste flache Metallschale auf dem Backofenboden mit erhitzen.

04. Einen Bogen Backpapier in Backblechgröße zuschneiden. Zwiebeln und Kürbiskerne mittig darauf verteilen und etwas Mehl daraufstreuen.

05. Den gegangenen Teig direkt aus der Schüssel als länglichen Streifen mittig vorsichtig auf das Backpapier stürzen. Mithilfe einer Teigkarte in 5 bis 6 gleich große, lange Streifen teilen. Die Streifen jeweils mit gut bemehlten Händen ineinander verdrehen, dabei Röstzwiebeln und Kürbiskerne mit in die Teigstangen eindrehen und den Teig evtl. noch etwas auseinanderziehen. Dabei den Teig nur vorsichtig Verarbeiten und enthaltene Gärgase nicht auskneten oder -drücken.

06. Das vorgeheizte Backblech aus dem Backofen nehmen. 200 ml heißes Wasser auf die Alufolie am Boden bzw. in die Schüssel geben (Vorsicht, heißer Wasserdampf!). Die Backofentür rasch wieder schließen.

07. Die Stangerl dann mit dem Backpapier vorsichtig mit Schwung auf das heiße Backblech ziehen. Die Temperatur auf 180 °C reduzieren. Die Stangerl 20 bis 25 Minuten goldbraun backen. Die Stangerl abkühlen lassen.

ZUTATEN
FÜR 5–6 STANGERL

+ **15 g Hefe**
+ **1 TL Honig**
+ **80 g helles Dinkelmehl (Type 630)**
+ **300 g Weizenmehl (Type 550)**
+ **2 gestr. TL Salz**
+ **200 ml Malzbier (Zimmertemperatur)**
+ **25 g Röstzwiebeln**
+ **25 g Kürbiskerne**
+ **Weizenmehl zum Bearbeiten**

SCHWÄBISCHE SEELEN
MIT KÜMMEL UND SALZ

ZUBEREITUNG
🥄 1 STD. 15 MIN.   ⏱ 25 MIN. + 17 STD. WARTEN

01. Für den Vorteig am Vortag Hefe und 125 ml lauwarmes Wasser verrühren. Das Mehl mit einem Holzlöffel unterschlagen, bis ein glatter Teig entsteht. Einen Gefrierbeutel an einer Seite einschneiden, locker über die Schüssel ziehen. Den Vorteig bei Zimmertemperatur 15 Stunden gehen lassen.

02. Am nächsten Tag für den Teig die Hefe in eine Schüssel bröckeln. Mit Honig und ¼ l lauwarmem Wasser verrühren. Das Mehl auf den Vorteig geben, darauf den Hefeansatz geben. Alles mit den Knethaken des Handrührgeräts 4 Minuten auf niedriger Stufe kneten, mit dem Salz bestreuen und weitere 6 bis 8 Minuten auf hoher Stufe kneten. Den sehr feuchten, klebrigen Teig in einer bemehlten Schüssel zugedeckt 45 Minuten ruhen lassen.

03. Den Teig in der Schüssel mit angefeuchteten Händen in 3 Stücke teilen, diese jeweils zu 3 Strängen formen und in sich spiralförmig zu einer Kugel verdrehen. Die Teigkugeln zugedeckt 45 Minuten gehen lassen. Erneut wie beschrieben zu 3 Kugeln verdrehen. Weitere 5 Minuten gehen lassen. Den gesamten Teig auf die bemehlte Arbeitsfläche geben, mit Wasser besprühen und offen 30 Minuten gehen lassen.

04. Den Backofen auf 240 °C vorheizen, dabei ein mit Wasser gefülltes, tiefes Backblech mit erhitzen. Vom Teig mit angefeuchteten Händen 6 etwa gleich große Stücke abnehmen, leicht länglich formen bzw. ziehen und auf ein mit Backpapier ausgelegtes Backblech legen. Mit Wasser besprühen und 5 Minuten ruhen lassen.

05. Mit Kümmel und Hagelsalz bestreuen. Sobald der Ofen vorgeheizt ist, das Blech mit dem Wasser herausnehmen und die Seelen im Ofen auf der unteren Schiene 10 Minuten backen. Die Temperatur auf 210 °C reduzieren und die Seelen weitere 10 bis 15 Minuten fertig backen.

ZUTATEN
FÜR 6 STÜCK

FÜR DEN VORTEIG:
+ **2 g frische Hefe**
+ **100 g Dinkelmehl (Type 630)**

FÜR DEN TEIG:
+ **15 g frische Hefe**
+ **½ TL Honig**
+ **400 g Weizenmehl (Type 550)**
+ **7 g Salz**

AUSSERDEM:
+ **Mehl zum Bearbeiten**
+ **ganzer Kümmel und Hagelsalz (oder Meersalz) zum Bestreuen**

HERZHAFTE QUARKSEMMELN
MIT SAUERKRAUT

ZUBEREITUNG
🥄 10 MIN.   ⏱ 40 MIN. + 4 STD. WARTEN

01. Für den Hefeteig Quark mit Honig, Trockenhefe und 250 ml lauwarmem Wasser in einer Rührschüssel verrühren und zugedeckt etwa 5 Minuten gehen lassen. Das Sauerkraut mit den Händen gut ausdrücken und fein hacken.

02. Beide Mehlsorten mit Salz mischen. Butter und Ei unter die Quarkmischung schlagen. Mehlmischung und Sauerkraut hinzugeben und kurz verrühren, bis ein glatter, leicht klebriger Teig entstanden ist. Den Teig mit Mehl bestäuben und mit Frischhaltefolie oder einem passenden Deckel belegt bei Zimmertemperatur mindestens 3 ½ Stunden gehen lassen.

03. Die Arbeitsfläche großzügig mit Mehl bestäuben. Den gegangenen Teig direkt aus der Schüssel mithilfe einer Teigkarte vorsichtig auf die Arbeitsfläche gleiten lassen, dabei nicht kneten. Den Teig mit Mehl bestäuben und mit der Teigkarte in 12 gleich große Portionen (à etwa 100 g) teilen. Die Teigportionen mit bemehlten Händen in den Mulden einer gefetteten und mit Mehl ausgestäubten Muffinform verteilen. Den Teig zugedeckt an einem warmen Ort weitere etwa 30 Minuten gehen lassen, bis er sich sichtbar vergrößert hat.

04. Die Form auf dem Rost in den kalten Backofen schieben und gleichzeitig den Backofen auf 200 °C vorheizen. Die Semmeln im vorgeheizten Ofen etwa 40 Minuten goldbraun backen.

05. Die Form auf einen Kuchenrost stellen. Die Semmeln leicht abkühlen lassen, dann aus der Form lösen und auf dem Kuchenrost erkalten lassen.

💡 *Alternativ kann der Teig auch auf einem Backblech (30 × 40 cm, mit Backpapier belegt) gebacken werden. Dann die Backzeit um etwa 5 Minuten reduzieren.*

ZUTATEN
FÜR 12 STÜCK

FÜR DEN HEFETEIG:
+ 250 g Speisequark (20 % Fett)
+ 1 TL Honig
+ 3 TL Trockenhefe
+ 200 g Sauerkraut
+ 250 g Weizenmehl (Type 550)
+ 250 g helles Dinkelmehl (Type 630)
+ 1 ½ gestr. TL Salz
+ 50 g zerlassene, abgekühlte Butter
+ 1 Ei (Größe M)

AUSSERDEM:
+ weiche Butter
+ Weizenmehl zum Bearbeiten

SONNTAGSBRÖTCHEN
MIT SAATEN UND KÖRNERN

ZUBEREITUNG
🍴 **35 MIN.** ⏱ **25 MIN. + 1 STD. 15 MIN. WARTEN**

01. Für den Vorteig 150 g Mehl in eine Schüssel geben und eine Mulde in die Mitte drücken. Die Hefe in die Mulde bröckeln. Nach und nach 125 ml lauwarmes Wasser in die Mulde gießen und die Hefe darin unter Rühren auflösen. Dabei auch etwas Mehl vom Rand mit unterrühren. Die Schüssel mit einem Küchentuch abdecken und den Vorteig an einem warmen Ort etwa 30 Minuten gehen lassen.

02. Das übrige Mehl, Salz, die Butter in Flöckchen, den Honig und etwa 150 ml lauwarmes Wasser zum Vorteig geben und alles mit den Knethaken des Handrührgeräts zu einem glatten Teig verkneten. Auf der leicht bemehlten Arbeitsfläche den Teig 8 bis 10 Minuten mit den Händen durchkneten. Den Teig wieder in die Schüssel legen und zugedeckt etwa 20 Minuten ruhen lassen.

03. Den Teig noch einmal kurz durchkneten und in 10 Stücke (à etwa 80 g) teilen. Die Stücke zu Kugeln formen und mit Abstand auf ein mit Backpapier ausgelegtes Backblech legen. Die Oberfläche mit Wasser bestreichen und mit dem ausgewählten Belag bestreuen. Die Brötchen mit einem Tuch abdecken und an einem warmen Ort etwa 40 Minuten gehen lassen.

04. Inzwischen den Backofen auf 250 °C vorheizen. Dabei auf den Ofenboden eine leere flache Auflaufform stellen und mit erhitzen. Etwa 1½ l Wasser in die Auflaufform gießen, sofort das Blech mit den Brötchen in den vorgeheizten Ofen schieben und die Brötchen etwa 10 Minuten backen. Die Ofentemperatur auf 200 °C reduzieren, die Ofentür kurz öffnen, damit der Dampf entweichen kann. Die Brötchen 10 bis 15 Minuten fertig backen, herausnehmen und auf einem Kuchengitter auskühlen lassen.

ZUTATEN
FÜR CA. 10 STÜCK

+ **500 g Weizenmehl (Type 550)**
+ **10 g frische Hefe**
+ **10 g Salz**
+ **20 g zimmerwarme Butter**
+ **½ TL Honig**
+ **Mehl für die Arbeitsfläche**
+ **Kürbiskerne, Sonnenblumenkerne, Sesamsamen, Mohn, grobes Salz, Kümmel oder Röstzwiebeln zum Bestreuen**

PIKANTE FRANZBRÖTCHEN
MIT KÜMMEL

ZUBEREITUNG
🍴 30 MIN.   ⏱ 25 MIN. + 55 MIN. WARTEN

01. Für den Teig beide Mehlsorten in eine Rührschüssel geben und in die Mitte eine Vertiefung eindrücken. Die Hefe hineinbröckeln, mit Zucker und etwas lauwarmem Wasser verrühren und etwa 10 Minuten stehen lassen.

02. Salz und 250 ml lauwarmes Wasser hinzufügen. Die Zutaten mit den Knethaken des Handrührgeräts zunächst kurz auf niedrigster, dann auf höchster Stufe etwa 5 Minuten zu einem glatten Teig verarbeiten. Den Teig zugedeckt so lange an einem warmen Ort gehen lassen, bis er sich sichtbar vergrößert hat, etwa 20 Minuten.

03. Den gegangenen Teig leicht mit Mehl bestäuben, auf der leicht bemehlten Arbeitsfläche kurz verkneten und zu einem Rechteck (etwa 20 × 40 cm) ausrollen.

04. Den Teig mit dem verquirlten Eiweiß bestreichen, mit Kümmel und Salz bestreuen. Den Teig von der Längsseite her aufrollen und in etwa 4 cm breite Stücke schneiden. Mit einem bemehlten Kochlöffelstiel die Stücke zwischen den Schnittkanten in der Mitte kräftig hinunterdrücken, sodass sich die Seiten stark hochwölben. Dann die Brötchen mit der Hand flach drücken. Die Teigbrötchen auf ein mit Backpapier ausgelegtes Backblech legen.

05. Das Eigelb mit etwas Wasser verquirlen, die Brötchen damit bestreichen und zugedeckt nochmals so lange an einem warmen Ort gehen lassen, bis sie sich sichtbar vergrößert haben, etwa 25 Minuten.

06. Den Backofen auf 200 °C vorheizen. Die Franzbrötchen im vorgeheizten etwa 25 Minuten backen. Die Franzbrötchen mit dem Backpapier von dem Backblech auf einen Kuchenrost ziehen und erkalten lassen.

ZUTATEN
FÜR 10 STÜCK

FÜR DEN HEFETEIG:
+ **250 g Weizenmehl (Type 550)**
+ **250 g Weizenmehl (Type 1050)**
+ **½ Würfel Hefe (21 g)**
+ **½ TL Zucker**
+ **½ gestr. TL Salz**

AUSSERDEM:
+ **1 Eiweiß**
+ **1 EL ganzer Kümmel**
+ **1½ TL grobes Salz**
+ **1 Eigelb**
+ **Mehl zu Bearbeiten**

BAGELS
MIT MANDELN

ZUBEREITUNG
🕐 30 MIN.   ⏱ 25 MIN. + 30 MIN. WARTEN

01. Flohsamenschalen, Leinsamen und Mandeln im Küchenmixer oder Blitzhacker fein mahlen. Magerquark, Eier, Süßlupinenmehl und Salz dazugeben und gut untermischen. Den Teig zugedeckt 30 Minuten quellen lassen.

02. Das Backpulver dazugeben und untermischen. Den Backofen auf 180 °C vorheizen. Ein Backblech mit Backpapier auslegen. Den Teig mit einem Esslöffel in 6 Portionen teilen und in Häufchen auf das Backblech setzen. Mit angefeuchteten Händen mittig ein Loch eindrücken und rund formen, bis die typische Bagelform entstanden ist.

03. Die Bagels im vorgeheizten Ofen auf der mittleren Schiene etwa 25 Minuten backen. Herausnehmen und gut auskühlen lassen.

⭐ *Genießen Sie die ersten leckeren Bagels frisch. Den Rest können Sie auf Vorrat einfrieren. Morgens dann einfach kurz auf dem Toaster oder im Backofen aufbacken und schmecken lassen.*

ZUTATEN
FÜR 6 STÜCK

+ **15 g Flohsamenschalen**
+ **50 g Leinsamen**
+ **100 g Mandeln**
+ **250 g Magerquark**
+ **2 Eier**
+ **30 g Süßlupinenmehl**
+ **½ TL Salz**
+ **1 geh. TL Weinstein-Backpulver**

SAUERTEIGANSATZ
SELBST MACHEN

Sauerteig macht ein Brot zu etwas ganz Besonderem. Beim Bäcker oder im Bioladen können Sie Sauerteig kaufen. Sie sollten aber unbedingt einmal selbst Sauerteig ansetzen, denn das ist preiswert und unkompliziert. Das Schöne dabei: Der Sauerteig hält mit etwas Pflege ewig, entwickelt ein immenses Aroma und gibt jedem Brot eine individuelle Note.

Sauerteig aufbewahren

Bis zum nächsten Backen kann der übrig gebliebene Sauerteigansatz problemlos im Kühlschrank lagern, vorausgesetzt, Sie „füttern" ihn regelmäßig einmal pro Woche, damit die Sauerteigkultur aktiv bleibt. Dafür jeweils 100 g Mehl und 100 ml Wasser mit dem Ansatz verrühren und über Nacht stehen lassen. Vom nun aktiven Teig wieder 100 g abnehmen, in ein Schraubglas füllen und in den Kühlschrank stellen. Wer das konsequent macht, hält seinen selbst angesetzten Sauerteig jahrelang am Leben und kann ihn immer wieder verwenden. Er wird mit zunehmendem Alter sogar immer besser werden.

Der fertige Ansatz
Sobald der Roggen-Sauerteigansatz (siehe rechts) fertig ist, die jeweils im Rezept vorgegebene Menge des Ansatzes abnehmen. Den übrigen Teig in ein sauberes Schraubglas füllen. Den Deckel dabei aber nur auflegen. Den Sauerteigansatz im Kühlschrank lagern.

Sauerteig wecken

Sie wollen am nächsten Tag wieder Brot backen? Dann müssen Sie Ihren im Kühlschrank schlummernden Sauerteig am Vorabend wecken: Dazu mit 100 g Mehl und 100 g Wasser verrühren und 10 bis 12 Stunden mit einem sauberen Küchentuch abgedeckt bei Raumtemperatur gehen lassen. Am nächsten Tag die benötigte Menge Ansatz abnehmen und verarbeiten. Gleichzeitig für die nächste Backaktion wieder 100 g in den Kühlschrank stellen und wöchentlich füttern.

Trocken lagern

Wer seinen Sauerteig nicht ständig nachfüttern möchte, kann nicht verwendeten Ansatz auch trocknen. Dafür den Sauerteigansatz möglichst dünn auf ein mit Backpapier belegtes Blech streichen und vollständig durchtrocknen lassen (am besten über Nacht). Zerbröseln, in ein sauberes Schraubglas füllen und kühl und dunkel aufbewahren. Und wenn man damit backen will: 100 g trockenen Teigansatz am besten am Vorabend mit 100 ml Wasser und 1 bis 2 EL Mehl verrühren und 10 bis 12 Stunden aktiv werden lassen, wie oben beschrieben.

ROGGEN-SAUERTEIGANSATZ

ZUBEREITUNG
🥄 JE 5 MIN. ⏱ 3–5 TAGE WARTEN

01. Am ersten Tag 100 g Mehl mit 100 ml lauwarmem Wasser (30 bis 40 °C) in einer kleinen Schüsssel glatt verrühren. Mit einem sauberen Küchentuch abdecken und idealerweise bei 24 bis 25 °C etwa 24 Stunden ruhen lassen.

02. Am zweiten Tag erneut 100 g Mehl und 100 ml lauwarmes Wasser mit dem Sauerteigansatz verrühren. Zugedeckt noch einmal 24 Stunden bei Zimmertemperatur ruhen lassen.

03. Am dritten Tag können sich eventuell schon die ersten Bläschen an der Teigoberfläche zeigen. Nun das restliche Mehl mit 200 ml lauwarmem Wasser (30 bis 40 °C) unterrühren. Den Teigansatz zugedeckt 24 Stunden bei Zimmertemperatur ruhen lassen.

04. Am vierten Tag sollte der Teig deutlich Blasen werfen bzw. die Oberfläche damit durchsetzt sein und leicht säuerlich-alkoholisch riechen. Er ist jetzt bereit, verarbeitet zu werden.

ZUTATEN FÜR 800 G SAUERTEIG

+ **400 g Roggenmehl (Type 1150)**
+ **400 ml möglichst kalkarmes, lauwarmes Wasser**

MÜSLIBRÖTCHEN
MIT APFEL

ZUBEREITUNG
🥄 30 MIN.   ⏱ 30 MIN. + 1 STD. 55 MIN. WARTEN

01. In einer kleinen Schüssel die Sultaninen und die Haselnussblättchen mit so viel kochendem Wasser übergießen, dass sie knapp bedeckt sind. Bis zur Weiterverwendung ziehen lassen.

02. Den Apfel waschen, vierteln und das Kerngehäuse entfernen. Die Apfelviertel grob raspeln und sofort mit Zitronensaft mischen. Die Milch in einem kleinen Topf lauwarm erhitzen und den Honig darin unter Rühren auflösen. Die Hefe in eine Rührschüssel bröckeln, mit dem Sauerteigansatz und der Honigmilch verrühren und 10 Minuten ruhen lassen.

03. Beide Mehlsorten, Dinkelflocken, Zimt und 2 Prisen Salz mischen, auf den Hefeansatz geben. Darauf die Butter in Flöckchen und den geriebenen Apfel verteilen. Mit den Knethaken des Handrührgeräts 3 Minuten auf niedriger, dann 3 Minuten auf hoher Stufe verkneten.

04. Sofort die Sultaninen und die Nussblättchen abgießen, gut ausdrücken und unter den Teig kneten. Den Teig zu einer Kugel formen und in einer bemehlten Schüssel zugedeckt an einem warmen Ort 1 Stunde gehen lassen.

05. Den Teig nochmals durchkneten und daraus 12 längliche Brötchen formen. Die Brötchen auf ein mit Backpapier ausgelegtes Backblech setzen und zugedeckt 45 Minuten ruhen lassen, dabei nach 10 Minuten der Länge nach leicht einschneiden. Den Backofen auf 210 °C vorheizen.

06. Die Müslibrötchen im vorgeheizten Ofen auf der mittleren Schiene 25 bis 30 Minuten goldbraun backen, dabei nach 10 Minuten mit Milch bepinseln. Herausnehmen und auf einem Kuchengitter auskühlen lassen.

ZUTATEN
FÜR 12 BRÖTCHEN

FÜR DEN TEIG:
+ **80 g Sultaninen**
+ **50 g Haselnussblättchen**
+ **1 Apfel (z.B. Boskop)**
+ **1 EL Zitronensaft**
+ **¼ l Milch**
+ **3 EL Honig**
+ **½ Würfel Hefe (21 g)**
+ **30 g flüssiger Natursauerteig (selbst gemacht, siehe S. 53, oder im Beutel)**
+ **250 g Weizenmehl (Type 405)**
+ **250 g Dinkelmehl (Type 630)**
+ **70 g Dinkelflocken**
+ **¾ TL Zimtpulver**
+ **Salz**
+ **50 g weiche Butter**

AUSSERDEM:
+ **Mehl zum Bearbeiten**
+ **Milch zum Bestreichen**

FRÜHSTÜCKSBRÖTCHEN
MIT FRÜCHTEN UND QUARK

ZUBEREITUNG
🥄 **15 MIN.** ⏱ **20 MIN. + 11 STD. WARTEN**

01. Die Mehlsorten mit Salz in einer großen Rührschüssel mischen. Quark mit 400 ml warmem Wasser, Zucker, Olivenöl und Trockenhefe verschlagen, 3 EL der Mehlmischung unterrühren und zugedeckt etwa 5 Minuten gehen lassen.

02. Die Trockenfrüchte auf die Arbeitsfläche geben und mit 2 EL von der Mehlmischung bestäuben. Früchte fein hacken und zerkleinern, sodass sie sich gut trennen. Die gegangene Hefemischung mit den Trockenfrüchten zur Mehlmischung in die Rührschüssel geben. Alles mit einem Holzlöffel durchrühren, bis keine Mehlklümpchen mehr vorhanden sind. Mit Frischhaltefolie locker abdecken und bei Zimmertemperatur etwa 45 Minuten gehen lassen. Dann in den Kühlschrank stellen und den Teig weitere 8 bis 10 Stunden oder über Nacht reifen lassen.

03. Den Teig etwa 45 Minuten vor dem Backen aus dem Kühlschrank nehmen und bei Zimmertemperatur lagern. Den Backofen auf 250 °C vorheizen und gleichzeitig ein Backblech mit in den Backofen schieben. Ein Stück doppelt gelegte Alufolie auf dem Backofenboden mit erhitzen. Sobald der Backofen 200 °C erreicht hat, 200 ml heißes Wasser auf die Alufolie geben. Die Backofentür rasch wieder schließen.

04. Den Teig mithilfe einer Teigkarte auf die bemehlte Arbeitsfläche geben. Nach und nach etwa 14 gleich große Stücke abstechen. Vorsichtig in Mehl wenden und rund formen.

05. Jeweils 7 Teigbrötchen auf je einem Bogen Backpapier verteilen. Das heiße Backblech aus dem Ofen nehmen. Die Teigbrötchen mit dem Backpapier mit Schwung auf das Blech ziehen und im vorgeheizten Ofen auf der mittleren Schiene 18 bis 20 Minuten goldbraun backen. Die Backofentemperatur auf 230 °C reduzieren. Die Brötchen auf einem Kuchenrost abkühlen lassen. Die restlichen Brötchen wie beschrieben fertig backen.

ZUTATEN
FÜR 14 BRÖTCHEN

+ **100 g feines Maismehl**
+ **250 g Weizenmehl (Type 405)**
+ **250 g helles Dinkelmehl (Type 630)**
+ **2 ½ gestr. TL Salz**
+ **250 g Speisequark (20 % Fett)**
+ **1 TL Zucker**
+ **3 EL Olivenöl**
+ **2 TL Trockenhefe**
+ **150 g softgetrocknete Früchte nach Geschmack (z.B. Aprikosen, Feigen, Pflaumen usw.)**
+ **etwas Weizenmehl**

BRIOCHE
MIT BUTTER

ZUBEREITUNG
🥄 25 MIN. **⏱ 20 MIN. + 3 STD. 30 MIN. WARTEN**

01. Mehl, Zucker und Salz in einer Rührschüssel gründlich mischen. Die Hefe zerbröckeln und daraufstreuen. Die Milch in einem kleinen Topf lauwarm erhitzen und mit den Eiern zu den anderen Zutaten in die Schüssel geben. Alles mit den Knethaken des Handrührgeräts 3 Minuten auf niedriger Stufe zu einem festen Teig verkneten. Die Butter in Stücken dazugeben und auf mittlerer bis hoher Stufe 6 Minuten zu einem weichen, elastischen Teig kneten.

02. Den Teig in einer bemehlten Schüssel zugedeckt an einem warmen Ort 1 Stunde gehen lassen. Anschließend im Kühlschrank weitere 2 Stunden ruhen lassen.

03. Die Mulden einer Muffinform mit Butter einfetten. Den Teig noch mal kurz durchkneten, zu einer Kugel formen und diese in 12 Portionen teilen. Von jeder Portion etwa ein Drittel abnehmen und erneut zu einer Kugel formen. Die größeren Portionen zu großen Kugeln formen, in die Mulden setzen, oben leicht mit den Fingern eindrücken und jeweils 1 kleine Kugel daraufsetzen. Mit einem sauberen Küchentuch abdecken und weitere 30 Minuten gehen lassen.

04. Inzwischen den Backofen auf 180 °C vorheizen. Das Eigelb mit 1 EL Wasser verquirlen und die Brioches damit bestreichen. Im vorgeheizten Ofen auf der mittleren Schiene 15 bis 20 Minuten goldbraun backen. Aus dem Ofen nehmen und leicht abkühlen lassen. Die Brioches aus den Blechmulden drehen und auf einem Kuchengitter vollständig auskühlen lassen.

ZUTATEN FÜR 1 MUFFIN-BLECH (12 STÜCK)

FÜR DEN TEIG:
+ **350 g Weizenmehl (Type 405)**
+ **40 g Zucker**
+ **7 g Salz**
+ **15 g Hefe**
+ **80 ml Milch**
+ **3 Eier**
+ **200 g sehr weiche Butter**

AUSSERDEM:
+ **Mehl zum Bearbeiten**
+ **Butter für die Form**
+ **1 Eigelb zum Bestreichen**

SCONES
DREIMAL ANDERS

ZUBEREITUNG
🍶 20 MIN.   ⏱ 15 MIN. + 30 MIN. WARTEN

... KLASSISCH
01. Die Butter in kleine Stücke schneiden und kühl stellen. In einer Schüssel das Mehl mit Backpulver, Zucker, Vanillezucker und 1 knappen TL Salz mischen.

02. Die eiskalte Butter zur Mehlmischung geben, mit den Händen zu groben Bröseln zerreiben. Die Buttermilch dazugießen und alles zügig zu einem glatten Teig kneten (es sollen noch kleine Butterstückchen zu sehen sein). Den Teig zu einer Kugel formen und in einer bemehlten Schüssel zugedeckt 30 Minuten in den Kühlschrank legen.

03. Den Teig auf der leicht bemehlten Arbeitsfläche mit wenig Druck 2 cm dick ausrollen. Mit einem Ausstecher oder Glas (7 cm Ø) 8 Kreise ausstechen (den Ausstecher beim Herausziehen nicht drehen, sonst gehen die Scones schief auf; alternativ in 8 Dreiecke schneiden). Den Backofen auf 200 °C vorheizen.

04. Die Kreise auf ein mit Backpapier belegtes Backblech legen. Das Ei mit der Milch verquirlen und die Scones damit bestreichen. Im vorgeheizten Ofen auf der mittleren Schiene 12 bis 15 Minuten goldbraun backen. Dazu schmecken Schmand und Konfitüre.

... MIT HEIDELBEEREN
Den Teig wie oben beschrieben kneten. Die Heidelbeeren verlesen, waschen und trocken tupfen. Vorsichtig mit der Milch unterarbeiten. Den Teig ausrollen, Kreise ausstechen und im vorgeheizten Ofen backen.

... MIT KIRSCHEN UND NÜSSEN
Den Teig wie oben beschrieben kneten. Die Sauerkirschen und die Nussblättchen vorsichtig mit der Milch unterarbeiten. Den Teig ausrollen, Kreise ausstechen und im vorgeheizten Ofen backen.

ZUTATEN
FÜR FÜR JE 8 STÜCK

FÜR KLASSISCHE SCONES:
+ **75 g Butter**
+ **250 g Weizenmehl (Type 405)**
+ **1½ TL Backpulver**
+ **40 g Zucker**
+ **1 Päckchen Vanillezucker**
+ **Salz • 150 g Buttermilch**
+ **Mehl zum Bearbeiten**
+ **1 Ei • 2 EL Milch**

... MIT HEIDELBEEREN:
+ **75 g Butter**
+ **250 g Weizenmehl (Type 405)**
+ **1½ TL Backpulver**
+ **60 g Zucker**
+ **Salz • 150 ml Milch**
+ **120 g Heidelbeeren**
+ **Mehl zum Bearbeiten**
+ **1 Ei • 2 EL Milch**

... MIT SAUERKIRSCHEN UND NÜSSEN:
+ **75 g Butter**
+ **250 g Weizenmehl (Type 405)**
+ **1½ TL Backpulver**
+ **2 Msp. Zimtpulver • 60 g Zucker**
+ **Salz • 150 ml Milch**
+ **100 g getrocknete Sauerkirschen**
+ **50 g Haselnussblättchen**
+ **Mehl zum Bearbeiten**
+ **1 Ei • 2 EL Milch**

NUSS-NUGAT-HÖRNCHEN
AUS BLÄTTERTEIG

ZUBEREITUNG
🥄 **25 MIN.** ⏱ **14 MIN.**

01. Zum Vorbereiten die Mandeln ohne Fett in einer Pfanne anrösten. Auf einem Teller abkühlen lassen. Den Backofen auf 200 °C vorheizen.

02. Für den Teig den Blätterteig aus der Packung nehmen und samt anhaftendem Backpapier ausrollen. Die Teigplatte in 4 gleich große Rechtecke teilen. Jedes Rechteck diagonal durchschneiden, sodass schmale, lange Dreiecke entstehen.

03. Für die Füllung den Pudding mit den Mandeln vermischen. Jeweils 2 Teigdreiecke dünn mit Nuss-Nugat-Creme bestreichen, dabei an den Rändern etwa 1 cm frei lassen. Jeweils 2 TL Pudding-Mandel-Masse in die Mitte geben. Die Teigdreiecke zur Spitze hin einrollen und zu Hörnchen formen. Nacheinander die übrigen Teigdreiecke füllen.

04. Die Hörnchen mit genügend Abstand auf ein mit Backpapier ausgelegtes Backblech setzen. Das Eigelb mit der Milch verquirlen. Die Hörnchen damit bestreichen. Das Backblech in den vorgeheizten Ofen schieben. Die Hörnchen 13 bis 14 Minuten backen. Das Backblech auf einen Kuchenrost legen. Die Hörnchen abkühlen lassen.

05. Zum Verzieren die Kuvertüre in grobe Stücke hacken und in einem Topf im Wasserbad bei schwacher Hitze unter Rühren schmelzen. Die Hörnchen damit garnieren. Die Kuvertüre trocknen lassen.

🔁 *Statt mit Schokoladenpudding können Sie die Blätterteighörnchen auch mit Vanillepudding füllen und nach dem Backen mit weißer geschmolzener Schokolade verzieren.*

ZUTATEN
FÜR 8 STÜCK

FÜR DEN TEIG:
+ 1 Packung Blätterteig (etwa 270 g; aus dem Kühlregal)

FÜR DIE FÜLLUNG:
+ 80 g Schokoladenpudding (aus dem Kühlregal)
+ 60 g Nuss-Nugat-Creme
+ 1 Eigelb (Größe M)
+ 1 EL Milch

AUSSERDEM:
+ 25 g dunkle Kuvertüre
+ 2 TL gehackte Mandeln (ohne Schale)

AUFSTRICHE

— UND DIPS —

LINSENAUFSTRICH
MIT SÜSSKARTOFFELN

ZUBEREITUNG
🍴 35 MIN.   ⏱ 15 MIN. + 30 MIN. WARTEN

01. Zwiebel und Knoblauch schälen und in feine Würfel schneiden. Die Süßkartoffeln schälen und in kleine Würfel schneiden.

02. Das Öl in einem Topf erhitzen und Zwiebel und Knoblauch darin andünsten. Die Süßkartoffeln hinzufügen, mit Curry und Kurkuma bestäuben und kurz mitdünsten. Die Brühe dazugießen und die Linsen einstreuen. Alles aufkochen und zugedeckt bei mittlerer Hitze 10 bis 12 Minuten köcheln lassen, dabei ab und zu umrühren.

03. Die Linsen-Süßkartoffel-Mischung abgießen und mit dem Zitronensaft in einen hohen Rührbecher geben. Mit dem Stabmixer glatt pürieren und mit Salz und Pfeffer abschmecken. Den Aufstrich zugedeckt 30 Minuten kühl stellen, dann nochmals abschmecken und in eine Schale füllen.

04. Inzwischen die Spitzpaprika längs halbieren, entkernen, waschen und in feine Würfel schneiden. Die Kresse vom Beet schneiden, waschen und trocken tupfen. Mit den Paprikawürfeln über den Aufstrich streuen. Der Linsenaufstrich schmeckt besonders gut auf Dinkelvollkornbrot oder -brötchen.

💡 *Der Linsenaufstrich hält sich in einem geschlossenen Glas oder Gefäß im Kühlschrank 3 bis 4 Tage. Wer ihn nicht täglich aufs Brot streichen möchte, kann den Aufstrich auch als Dip zu Gemüsesticks servieren.*

ZUTATEN
FÜR 4 PERSONEN

+ **1 Zwiebel**
+ **1 Knoblauchzehe**
+ **250 g Süßkartoffeln**
+ **2 EL Olivenöl**
+ **1 TL Currypulver**
+ **½ TL gemahlene Kurkuma**
+ **200 ml Gemüsebrühe**
+ **100 g rote Linsen**
+ **2–3 EL Zitronensaft**
+ **Salz • Pfeffer aus der Mühle**
+ **1 rote Spitzpaprikaschote**
+ **½ Kästchen Kresse**

FRISCHKÄSEAUFSTRICH
ZWEIMAL ANDERS

ZUBEREITUNG MIT APRIKOSEN
🥄 30 MIN.   ⏱ 30 MIN.

01. Die Aprikosen in kleine Würfel schneiden. In einer Schüssel mit dem Cognac mischen und etwa 30 Minuten marinieren.

02. Inzwischen Rosmarin und Estragon waschen, trocken tupfen, die Estragonblätter abzupfen. Die Kräuter fein hacken und mit dem Senf und der Zitronenschale unter den Ziegenfrischkäse rühren.

03. Die Aprikosen unter die Ziegenkäsecreme heben und den Frischkäseaufstrich mit Salz und Pfeffer würzen.

ZUTATEN
FÜR 4 PERSONEN

+ **25 getrocknete (Soft-)Aprikosen**
+ **2 EL Cognac (ersatzweise Orangensaft)**
+ **10 Nadeln Rosmarin**
+ **1 kleiner Stiel Estragon**
+ **½ TL körniger Senf**
+ **2 Msp. abgeriebene Bio-Zitronenschale**
+ **125 g cremiger Ziegenfrischkäse**
+ **Salz • Pfeffer aus der Mühle**

ZUBEREITUNG KÜRBIS-CURRY-FRISCHKÄSE
🥄 10 MIN.   ⏱ 10 MIN.

01. Den Kürbis vierteln, schälen und die Kerne mit einem Löffel entfernen. Das Fruchtfleisch auf der Rohkostreibe grob raspeln. Den Ingwer schälen und fein hacken. Die Schalotte schälen und in feine Würfel schneiden.

02. Das Öl in einer Pfanne erhitzen, die Schalotte darin andünsten. Den Kürbis und den Ingwer 1 Minute mit anbraten, mit dem Currypulver bestäuben und 1 weitere Minute unter Rühren braten. Mit Salz und Pfeffer würzen. 3 bis 4 EL Wasser unterrühren und alle Zutaten bei schwacher Hitze 5 Minuten unter gelegentlichem Rühren dünsten (der Kürbis soll noch etwas Biss haben). Vom Herd nehmen und abkühlen lassen.

03. Die Kürbismischung mit dem Joghurt und dem Frischkäse verrühren, mit Salz, Pfeffer und Zitronensaft würzen. Den Frischkäseaufstrich zum Schluss mit der Petersilie bestreuen.

ZUTATEN
FÜR 4 PERSONEN

+ **120 g Hokkaidokürbis**
+ **5 g Ingwer**
+ **1 Schalotte**
+ **1 EL Öl**
+ **2 TL mildes Currypulver**
+ **Salz • Pfeffer aus der Mühle**
+ **2 EL Naturjoghurt**
+ **200 g Frischkäse**
+ **1—2 Spritzer Zitronensaft**
+ **1 EL gehackte Petersilie**

GRILLGEMÜSE-AUFSTRICH
MIT KNOBLAUCH

ZUBEREITUNG
🥄 25 MIN. ⏱ 1 STD.

01. Den Backofen auf 200 °C vorheizen. Das Gemüse putzen und schälen bzw. waschen. Den Sellerie und die Möhre in schmale Scheiben, die Paprika in 1 cm große Würfel schneiden, die Tomaten halbieren. Die Zwiebel und den Knoblauch schälen, die Zwiebel in dünne Spalten, den Knoblauch in Scheiben schneiden. Den Thymian waschen, trocken schütteln, die Blätter abzupfen und fein hacken. Den Fenchelsamen mit einem großen Messer grob hacken.

02. Gemüse, Zwiebel, Knoblauch, Thymian und Fenchelsamen in einer ofenfesten Form mit dem Olivenöl mischen. Mit Salz und Pfeffer würzen und mit 2 Prisen Zucker bestreuen. Im Ofen auf der mittleren Schiene etwa 1 Stunde garen, dabei nach etwa 10 Minuten den Wein dazugeben. Das Gemüse während des Garens mehrmals mit einem Löffel durchrühren – die Flüssigkeit sollte möglichst vollständig verdunsten und das Gemüse schön bräunen.

03. Das Gemüse aus dem Ofen nehmen und abkühlen lassen. Die Petersilie waschen, trocken tupfen, die Blätter abzupfen und fein hacken. Das Gemüse im Blitzhacker (oder mit dem Stabmixer) nicht zu fein pürieren. Den Grillgemüse-Aufstrich eventuell noch einmal mit Salz und Pfeffer würzen und mit der gehackten Petersilie bestreuen.

💛 *Der Aufstrich schmeckt einfach herrlich nach Sonne und Süden und ist abends auf Ciabatta oder Baguette genauso der Renner wie als Dip zu Fleisch bei Grillpartys — da lohnt es sich, immer gleich die doppelte Menge zu machen.*

ZUTATEN
FÜR 4 PERSONEN

+ **1 Stange Staudensellerie**
+ **1 kleine Möhre**
+ **1 gelbe Paprikaschote**
+ **6 Cocktailtomaten**
+ **1 kleine Zwiebel**
+ **1 Knoblauchzehe**
+ **5 Zweige Thymian**
+ **½ TL Fenchelsamen**
+ **2 EL Olivenöl**
+ **Salz • Pfeffer aus der Mühle**
+ **Zucker**
+ **2 EL Weißwein (ersatzweise Wasser)**
+ **3 Stiele Petersilie**

PAPRIKA-APRIKOSEN-CREME
UND ERBSEN-CURRY-CREME

ZUBEREITUNG PAPRIKA-APRIKOSEN-CREME
🥄 15 MIN.   ⏱ 15 MIN.

01. Die Paprikaschoten längs halbieren, entkernen, waschen und in 1 cm große Stücke schneiden. Die Aprikosen in Streifen schneiden. Den Knoblauch schälen und fein hacken. Den Thymian waschen, trocken schütteln, die Blätter abzupfen und fein hacken.

02. Das Olivenöl in einer Pfanne erhitzen, die Paprika darin bei starker Hitze anbraten, bis sie leicht bräunen. Mit Salz, Pfeffer und Sambal oelek würzen. Die Hitze reduzieren, den Knoblauch und den Thymian kurz mitbraten, dann 1 bis 2 EL Wasser angießen. Alles bei mittlerer Hitze 12 bis 15 Minuten garen, bis die Paprikastücke weich sind. Vom Herd nehmen und abkühlen lassen.

03. Paprikamischung, Aprikosen, Cashewkerne und Ras el Hanout im Blitzhacker (oder mit dem Stabmixer) nicht zu fein pürieren.

ZUTATEN
FÜR 4 PERSONEN

+ **2 rote Paprikaschoten**
+ **4 getrocknete (Soft-)Aprikosen**
+ **1 Knoblauchzehe**
+ **5 Zweige Thymian**
+ **2 EL Olivenöl**
+ **Salz • Pfeffer aus der Mühle**
+ **1–2 Msp. Sambal oelek**
+ **1 EL geröstete, gesalzene Cashewkerne**
+ **¼ TL Ras el Hanout (orientalische Gewürzmischung; ersatzweise Kreuzkümmel)**

ZUBEREITUNG ERBSEN-CURRY-CREME
🥄 20 MIN.   ⏱ 10 MIN.

01. Die Schalotten schälen und in feine Würfel schneiden. Die Butter in einer Pfanne erhitzen und die Schalotten darin goldgelb andünsten. Erbsen, Brühe, Currypulver, Estragon und 2 EL Wasser dazugeben und unter Rühren erhitzen, bis die Erbsen aufgetaut sind. Bei schwacher Hitze 8 bis 10 Minuten garen, dabei eventuell nochmals wenig Wasser dazugeben (am Ende der Garzeit sollte die Flüssigkeit möglichst vollständig verdunstet sein). Mit Salz und Pfeffer würzen, dann vom Herd nehmen und abkühlen lassen.

02. Die Erbsenmischung mit dem Mascarpone im Blitzhacker (oder mit dem Stabmixer) cremig pürieren. Die Erbsen-Curry-Creme mit dem Zitronensaft und nach Bedarf nochmals mit Salz und Pfeffer abschmecken.

ZUTATEN
FÜR 4 PERSONEN

+ **2 Schalotten**
+ **1 EL Butter**
+ **250 g TK-Erbsen**
+ **1 TL gekörnte Brühe**
+ **¾ TL Currypulver**
+ **½ TL getrockneter Estragon**
+ **Salz • Pfeffer aus der Mühle**
+ **1 EL Mascarpone**
+ **1–2 Spritzer Zitronensaft**

KICHERERBSENDIP
GRUNDREZEPT

ZUBEREITUNG 5 MIN.
ZUTATEN FÜR 6 PERSONEN

1 Dose Kichererbsen (400 g) in einem Sieb abtropfen lassen, dabei den Sud auffangen. Die
Kichererbsen mit dem Stabmixer cremig pürieren,
mit **½ TL Kreuzkümmelpulver** und **Saft von
½ Zitrone** würzen. Mit **Salz** und **Pfeffer aus der
Mühle** abschmecken und nach Belieben mit
Kichererbsensud verdünnen. Hält sich gut
zugedeckt im Kühlschrank etwa 1 Woche.

*Für ein klassisches Hummus mixen
Sie 3 EL Tahin (Sesampaste) unter die
Kichererbsencreme.*

KICHERERBSENDIP
MIT AVOCADO UND BASILIKUM

ZUBEREITUNG 5 MIN.
ZUTATEN FÜR 6 PERSONEN

1 Handvoll Basilikumblätter waschen, trocken schütteln und
hacken. Mit dem zerdrückten Fruchtfleisch von **1 Avocado**
(ca. 150 g) unter die Kichererbsencreme mixen. Mit etwas
edelsüßem Paprikapulver bestreuen.

KICHERERBSENDIP
MIT TOMATE & CASHEWKERNEN

ZUBEREITUNG   5 MIN.
ZUTATEN FÜR 6 PERSONEN

40 g Cashewkerne und **2 EL Tomatenmark** mit dem Stabmixer pürieren und unter die Kichererbsencreme rühren. **Einige Cocktailtomaten** waschen, trocknen, vierteln und unterziehen.

♡ *Mit diesen Dips werden Ofenkartoffeln, Knabber- gemüse, Fladenbrot oder Gegrilltes zu einer schnellen Mahlzeit. Dafür können Sie wunderbar Kichererbsen aus der Dose verwenden. Wer etwas mehr Zeit hat, kann getrocknete Kichererbsen verarbeiten. Dazu die halbe Menge getrocknete Kichererbsen 12 Stunden in Wasser einweichen, mit frischem Wasser etwa 1 Stunde weich kochen und dann wie im Rezept beschrieben weiterverarbeiten.*

KICHERERBSENDIP
MIT SÜSSKARTOFFEL & ERDNUSS

ZUBEREITUNG   5 MIN.
ZUTATEN FÜR 6 PERSONEN

50 g Süßkartoffel (nach Belieben roh oder gegart) schälen und grob raspeln. Mit **3 EL Erdnussmus** und **1 TL Currypulver** mit dem Stabmixer pürieren. Das Püree mit der Kichererbsencreme vermengen.

ARTISCHOCKEN-FETA-CREME
UND ROTE-BETE-FETA-CREME

ZUBEREITUNG ARTISCHOCKEN-FETA-CREME
🔥 25 MIN.

01. Die Artischocken auf einem Sieb sehr gut abtropfen lassen. Den Feta trocken tupfen und grob zerbröckeln. Den Knoblauch schälen und grob hacken. Die Kräuter waschen, und trocken tupfen. Die Blätter bzw. Dillspitzen abzupfen und grob zerschneiden.

02. Alle Zutaten mit dem Olivenöl im Blitzhacker nach Belieben mehr oder weniger fein pürieren. Die Artischocken-Feta-Creme mit Salz und Pfeffer würzen.

ZUTATEN
FÜR 4 PERSONEN

+ **1 Dose Artischockenherzen oder -viertel (in Salzlake; Abtropfgewicht 180 g)**
+ **100 g Feta (Schafskäse)**
+ **½ Knoblauchzehe**
+ **2 Stiele Basilikum**
+ **5 Stiele Petersilie**
+ **½ Bund Dill**
+ **2 Zweige (Zitronen-)Thymian**
+ **1 EL Olivenöl**
+ **Salz • Pfeffer aus der Mühle**

ZUBEREITUNG ROTE-BETE-FETA-CREME
🔥 25 MIN.

01. Die Roten Beten und den Feta trocken tupfen und jeweils grob in Stücke schneiden. Den Dill waschen, gut trocken schütteln, die Spitzen abzupfen und fein hacken. Einige Dillspitzen für die Garnitur beiseitelegen. Den restlichen Dill mit Roten Beten, Feta, Kreuzkümmel und Pernod im Blitzhacker cremig pürieren.

02. Die Rote-Bete-Feta-Creme mit Salz, Pfeffer und Zitronensaft pikant abschmecken und mit dem beiseitegelegten Dill garnieren.

ZUTATEN
FÜR 4 PERSONEN

+ **200 g Rote Beten (vorgegart und vakuumiert)**
+ **60 g Feta (Schafskäse)**
+ **⅓ Bund Dill**
+ **½ TL gemahlener Kreuzkümmel**
+ **2 EL Pernod (frz. Anisaperitif; ersatzweise Wasser)**
+ **Salz • Pfeffer aus der Mühle**
+ **2 Spritzer Zitronensaft**

SÜSSER ERDNUSSDIP
UND GRANATAPFEL-QUARKCREME

ZUBEREITUNG SÜSSER ERDNUSSDIP
🥄 5 MIN. ⏱ 5 MIN.

01. Die getrocknete Ananas in feine Würfel schneiden. Die Limette heiß abbrausen, trocknen, die Schale abreiben und den Saft auspressen.

02. Die Crème fraîche in einem Topf erhitzen. Ananas, Honig, Hälfte der Limettenschale und -saft sowie Erdnussbutter unterrühren. Die Mischung bei mittlerer Hitze 2 bis 3 Minuten erwärmen. Vom Herd nehmen und vor dem Servieren die übrige Limettenschale daraufstreuen.

ZUTATEN
FÜR 4 PERSONEN

+ **50 g getrocknete Ananas**
+ **1 Bio-Limette**
+ **100 g Crème fraîche**
+ **2 EL Honig**
+ **150 g stückige Erdnussbutter**

ZUBEREITUNG GRANATAPFEL-QUARKCREME
🥄 10 MIN.

01. Den Frischkäse und den Quark gründlich verrühren. Die Kerne vorsichtig aus der Granatapfelhälfte herauslösen. Etwa 1 EL beiseitelegen, die übrigen Kerne unter die Creme rühren.

02. Honig, Zucker, Limettenschale und Koriander hinzufügen und alles glatt rühren. Die Creme mit den beiseitegelegten Granatapfelkernen garnieren und bis zur Verwendung zugedeckt kühl stellen.

ZUTATEN
FÜR 4 PERSONEN

+ **150 g Doppelrahmfrischkäse**
+ **150 g Speisequark**
+ **½ Granatapfel**
+ **2 EL Honig**
+ **2 EL Zucker**
+ **abgeriebene Schale von 1 Bio-Limette**
+ **1 Msp. gemahlener Koriander**

SCHOKOCREME
MIT DATTELN

ZUBEREITUNG
🍴 10 MIN.   ⏱ 4 STD. WARTEN

01. Die Schokolade grob hacken oder in Stücke brechen. Den Drink in einem Topf aufkochen und mit Schokolade, Cashewbruch, Ahornsirup, Vanilleschote samt Schale und Mark, Datteln sowie Salz in den Küchenmixer geben.

02. Alles auf höchster Stufe 1 Minute glatt mixen, bis die Masse glänzt. Die Creme in Gläser füllen und 3 bis 4 Stunden in den Kühlschrank stellen. Dort hält sie sich 4 bis 6 Tage.

⭐ *Diese Schokocreme ist superschnell gemacht. Wenn Sie wollen, dass sie ein bisschen mehr nach Nussnugat schmeckt, mixen Sie zusätzlich 2 EL Haselnussmus unter.*

ZUTATEN FÜR 2 GLÄSER (À 450 ML INHALT)

+ **240 g Bitterschokolade (70 % Kakaoanteil)**
+ **450 ml Haferdrink (mit Vanille)**
+ **150 g Cashewbruch**
+ **3 EL Ahornsirup**
+ **½ Vanilleschote**
+ **3 große Medjoul-Datteln (ohne Stein)**
+ **½ TL Meersalz**

QUITTENGELEE
MIT VANILLE

ZUBEREITUNG
🥄 45 MIN.   ⏱ 1 STD.

ZUTATEN FÜR 8 TWIST-OFF-GLÄSER (À 250 G)

+ **3 kg Quitten**
+ **750 g Gelierzucker (2 : 1)**
+ **½ Vanilleschote**

01. Die Quitten mit einem sauberen Tuch gründlich abreiben und waschen. Die Früchte mit einem scharfen Messer zuerst vierteln, den Stiel und den Blütenansatz herausschneiden und mit dem Kerngehäuse in kleine Stücke schneiden. Die Quitten in einen großen Topf füllen. Die Früchte gerade eben mit Wasser bedecken, aufkochen und weitere 50 Minuten garen. Anschließend die Quitten auf ein Haarsieb gießen und gründlich abtropfen lassen.

02. Den abgekühlten, aufgefangenen Saft abmessen. Es sollte etwa 1,2 l Saft ergeben. Den Quittensaft mit dem Gelierzucker in einen Topf geben. Die Vanilleschote längs aufschneiden und das Mark herauskratzen. Beides zum Quittensaft geben und alles gut verrühren. Unter Rühren aufkochen und dann 3 Minuten sprudelnd kochen.

03. Den entstandenen Schaum und die Vanilleschote mit dem Schaumlöffel entfernen. Die Gelierprobe machen: Dafür 1 TL Gelee auf eine gut gekühlte Untertasse geben. Das Gelee sollte gleich fest werden. Falls nicht, noch kurz weiterkochen lassen.

04. Das kochend heiße Gelee randvoll in die sauberen Gläser füllen und sofort mit dem Deckel verschließen. Die Gläser umdrehen und auf dem Deckel etwa 5 Minuten stehen lassen, damit ein Vakuum entsteht. Die Gläser wieder umdrehen und vollständig abkühlen lassen.

APRIKOSENKONFITÜRE
DREIMAL ANDERS

ZUBEREITUNG KLASSISCH
🍴 40 MIN.   ⏱ 5 MIN. + 6 STD. WARTEN

01. Die Aprikosen waschen, halbieren, entsteinen und in kleine Stückchen schneiden. Mit dem Gelierzucker in einem großen Topf gut mischen. Zugedeckt 3 bis 6 Stunden Saft ziehen lassen.

02. Den Zitronensaft unterrühren. Alles unter ständigem Rühren zum Kochen bringen und 4 bis 5 Minuten sprudelnd kochen lassen. Die Gelierprobe machen. Die Konfitüre heiß in saubere Gläser füllen, diese sofort verschließen und ab- kühlen lassen.

ZUTATEN
FÜR 4 GLÄSER (À 250 ML)

+ **1,2 kg reife Aprikosen (entsteint 1 kg)**
+ **1 kg Gelierzucker (1 : 1) (oder 500 g Gelierzucker (2 : 1) oder 300 g Gelierzucker (3 : 1))**
+ **Saft von 1 Zitrone**

ZUBEREITUNG MIT LAVENDELBLÜTEN
🍴 40 MIN.   ⏱ 5 MIN. + 6 STD. WARTEN

01. Die Aprikosen wie oben beschrieben vorbereiten. Mit dem Gelierzucker und den Lavendelblüten mischen. Zugedeckt 6 Stunden ziehen lassen.

02. Den Zitronensaft unterrühren und die Konfitüre wie beschrieben kochen. Die Konfitüre heiß in saubere Gläser füllen, diese sofort verschließen und abkühlen lassen.

ZUTATEN
FÜR 4 GLÄSER (À 250 ML)

+ **1,2 kg reife Aprikosen (entsteint 1 kg)**
+ **1 kg Gelierzucker (1 : 1) (s.o.)**
+ **1½ TL getrocknete Lavendel- blüten**
+ **Saft von 1 Zitrone**

ZUBEREITUNG MIT MANGO
🍴 40 MIN.   ⏱ 5 MIN. + 6 STD. WARTEN

01. Die Aprikosen wie oben beschrieben vorbereiten. Die Mango schälen, das Fruchtfleisch vom Stein schneiden und in kleine Würfel schneiden. Die Vanilleschote längs aus- schneiden und das Mark herauskratzen.

02. Vanillemark und -schote, Aprikosen, Mango und Gelier- zucker mischen und 3 Stunden ziehen lassen. Den Zitronen- saft unterrühren und die Konfitüre wie beschrieben kochen.

ZUTATEN
FÜR 4 GLÄSER (À 250 ML)

+ **800 g reife Aprikosen (entsteint 750 g)**
+ **1 reife Mango (500 g)**
+ **1 Vanilleschote**
+ **1 kg Gelierzucker (1 : 1) (s.o.)**
+ **3 EL Zitronensaft**

REZEPTREGISTER

IMPRESSUM

© **ZS VERLAG GmbH**
Kaiserstraße 14 b
D–80801 München

ISBN 978-3-89883-943-3
1. Auflage 2019

Projektleitung: Isabella Thiel
Lektorat: ZS-Team
Grafik Design & Artdirection: Seidldesign
Grafik & Satz: Irene Schulz
Herstellung: Frank Jansen
Producing: Jan Russok
Druck & Bindung: optimal media GmbH, Röbel

Kurze Wege schonen die Umwelt
Dieses Buch wurde in Deutschland gedruckt

Die ZS Verlag GmbH ist ein Unternehmen der Edel SE & Co. KGaA, Hamburg.
www.zsverlag.de | www.facebook.com/zsverlag

BILDNACHWEIS

Umschlag: K. Winner: vorn; B. Sporrer: hinten (l.), A. Schütz: hinten (M.), J.-P. Westermann: hinten (r.)
Innenteil: B. Bonisolli: 49; W. Cimbal: 9, 13, 27, 31, 41, 45, 57; Fotostudio Diercks: 11, 21; J. Hoersch: 25; M. Neubauer: 37, 67, 74/75, 79; M. Schürle/M. Grossmann: 81; A. Schütz: 17, 19, 83; B. Sporrer: 22, 47; C. Timmann: 51; J.-P. Westermann: 15, 29, 33, 35, 43, 53, 55, 59, 61, 69, 71, 73, 77, 85; K. Winner: 63

HINWEISE ZU DEN REZEPTEN

Zubereitungszeit: Alle Rezepte haben eine kurze Zubereitungszeit. Bitte beachten Sie jedoch bei der Planung auch die angegebenen Back- und Kühlzeiten, die evtl. noch hinzukommen.
Backofentemperatur: Wenn nicht anders angegeben, beziehen sich die Temperaturangaben auf die Einstellung Ober-/ Unterhitze. Berücksichtigen Sie außerdem die Eigenschaften Ihres Backofens, denn jeder Backofen bäckt anders.

Easy Auswahl ...

5-Zutaten-Küche
ISBN 978-3-89883-920-4

Leicht und schnell
ISBN 978-3-89883-923-5

Low Carb-Express
ISBN 978-3-89883-921-1

Lunchbox Express
ISBN 978-3-89883-924-2

Schnelle Landküche
ISBN 978-3-89883-925-9

Smoothies, Shakes & Co.
ISBN 978-3-89883-922-8

Brote und Dips
ISBN 978-3-89883-943-3

1-Topf-Gerichte
ISBN 978-3-89883-944-0

Vom Blech
ISBN 978-3-89883-942-6

Geschenke aus der Küche
ISBN 978-3-89883-945-7

ISBN 978-3-89883-943-3

ISBN 978-3-89883-944-0

ISBN 978-3-89883-942-6

ISBN 978-3-89883-945-7

Gleich weiterkochen!

Jetzt überall,
wo es gute Bücher gibt.

LÖFFELMENGEN (PRO GESTR. LÖFFEL)

Lebensmittel	EL	TL	Lebensmittel	EL	TL
Flüssigkeit	12 ml	5 ml	Mehl (Type 405)	7 g	3 g
Backpulver	9 g	3 g	Paprikapulver	6 g	2 g
Butter	10 g	4 g	Puderzucker	4 g	3 g
Crème fraîche	10 g	5 g	Reis	10 g	5 g
Gelatine, gemahlen	8 g	3 g	Salatmayonnaise	10 g	5 g
Grieß	8 g	3 g	Salz	13 g	5 g
Haferflocken	7 g	2 g	Sahne (30 % F.)	10 g	5 g
Haselnusskerne, gemahlen	5 g	2 g	Saure Sahne (10 % F.)	10 g	6 g
Honig	15 g	6 g	Schwarzer Tee	4 g	2 g
Joghurt (3,5 % F.)	10 g	6 g	Semmelbrösel	6 g	3 g
Käse, gerieben	5 g	3 g	Senf	10 g	3 g
Kaffee, gemahlen	4 g	2 g	Speiseöl	10 g	4 g
Kaffee, löslich	3 g	1 g	Speisestärke	7 g	3 g
Kakaopulver	5 g	2 g	Tomatenketchup	12 g	5 g
Kondensmilch	14 g	6 g	Tomatenmark	12 g	5 g
Mandeln, gemahlen	5 g	3 g	Zimtpulver	4 g	2 g
Margarine	10 g	4 g	Zucker	10 g	5 g